Mauricio Kagel · Tamtam

Mauricio Kagel
Tamtam

Monologe und Dialoge zur Musik

Herausgegeben von Felix Schmidt

R. Piper & Co. Verlag · München/Zürich

ISBN 3-492-02126-3

Gesetzt aus der Times-Antiqua
Gesamtherstellung Clausen & Bosse, Leck (Schleswig)
Printed in Germany

Inhalt

Einführung

Mauricio Kagel, am 24. 12. 1931 in Buenos Aires geboren, wurde, wie er es einmal formulierte, »durch Kontakt mit ungenügenden Lehrern zum Autodidakten ausgebildet«. Dies gilt vor allem für Komposition. Klavier, Cello und Klarinette sowie Musiktheorie und Dirigieren erlernte er im Privatunterricht. Als er mit 18 Jahren Musik zu schreiben begann, war er bereits – durch Analyse und Aufführungen – mit wichtigen kammermusikalischen Werken von Arnold Schönberg und Anton Webern, Edgar Varèse und Charles Ives vertraut. Er hatte sehr früh mit der aktiven Mitarbeit an den Konzerten des argentinischen Vereins für Neue Musik (»Asociación Nueva Musica«) begonnen. Seit Anfang der fünfziger Jahre widmet sich Kagel mit großem Engagement dem Film und wurde Mitbegründer der argentinischen »Cinémathèque« in Buenos Aires. Eine seiner ersten Arbeiten war die erstmalige Synchronisierung von René Clairs »Entr'acte« mit der eigens dafür komponierten Musik von Erik Satie (die im Kino während der Vorführung live gespielt wurde). Für die Zeitschrift »Nueva visión«, die der zeitgenössischen Architektur und visuellen Kommunikation gewidmet war, redigierte er die Foto- und Film-Artikel.
1955 wurde Kagel Korrepetitor und Dirigent am Teatro Colón und Studienleiter an der Kammeroper von Buenos Aires. 1957 kam er als Stipendiat des Deutschen Akademischen Auslandsdienstes für ein Jahr in die Bundesrepublik und blieb bis heute in Köln. Er arbeitete zunächst im Studio für elektronische Musik des Westdeutschen Rundfunks und redigierte häufig Beiträge für das musikalische Nachtprogramm.

1960 gründete Kagel das »Kölner Ensemble für Neue Musik« und führte damit das richtungweisende »SUR SCENE« (1959/60) auf – ein Werk, in dem Mimik, Gestik und Aktion sowie Beleuchtungsabläufe und räumliche Beziehungen festgelegt und somit bewußt komponiert wurden. Für diese Kompositionstechnik, die in einigen Aspekten den Schein eines »Gesamtkunstwerkes« zu erwecken weiß, fand er den Begriff »Instrumentales Theater«.
Kagel, stets um die Erweiterung der musikalischen Ausdrucksmöglichkeiten bemüht, arbeitet seither an und nach diesem Konzept weiter. Die theoretischen Verästelungen haben ihn immer wieder zu neuen Lösungen geführt. Dabei wurde der Weg von der rein visualisierten Musikdarstellung zu einem andersartigen, trüb musikalisierten Theater erkennbar. Mit Vorliebe experimentiert Kagel mit ungewöhnlichen selbstentwickelten Klangerzeugern und denaturierten Schallquellen; so – um einige seiner Hauptwerke zu nennen – in »PANDORASBOX« (1960), in der »MUSIK FÜR RENAISSANCE-INSTRUMENTE« (1967), in der »ORNITHOLOGICA MULTIPLICATA« (1968), wo das Gezwitscher von exotischen und einheimischen Vögeln mit Hilfe von Kontaktmikrofonen und PVC-Röhren verstärkt wird, und im Stück »DER SCHALL« (1968), in dem unter anderem Gartengeräte, Hausgerümpel, edle Barock- und kitschige Folklore-Instrumente verwendet wurden.
In »EXOTICA« (1971/72) ging Kagel noch einen Schritt weiter: die Ausführenden bedienen Instrumente, deren Handhabung sie nicht erlernt haben. Damit manifestieren sich »jene Tendenzen der eigenen Musikalität, die durch perfekte Beherrschung des Instruments oft verschüttet werden«. Kagel liegt nicht so sehr an einer Begegnung zwischen Orient und Okzident, die musikalische Offenbarungen produzieren soll. Im Gegenteil, sein Asien-Report, oder, wie er

es, dem Grundton seiner Analysen folgend, »Der Abend des Morgenlandes« nennt, ist ein ernüchterndes Dokument in der Einschätzung der Möglichkeiten von Musik und Kulturpolitik.
In »STAATSTHEATER« (1967/70) schließlich, im Auftrage der Hamburgischen Staatsoper geschrieben und im April 1971 uraufgeführt, gelang Kagel nach Meinung der europäischen Presse die vollkommenste Symbiose aus Klang, Wort, Bewegung und einer ätzenden Persiflage, die auch im großen Ernst der Ironie die Distanz zum Thema nicht vermissen ließ.
Zwei Jahre später, bei den Donaueschinger Musiktagen 1973, stellte Kagel erstmals »ZWEI-MANN-ORCHESTER« vor, eine gigantische Orchestermaschine aus zweihundertfünfzig Klangelementen, die in dreijähriger Arbeit zusammengebaut wurden. Zwei Musiker bedienen die Riesenmaschine mit Schnüren, Pedalen, Rädern, Drehstangen und ähnlichen, hauptsächlich manuellen oder halbmechanischen Antriebshilfen. Es handelt sich um eine Komposition, welche die Darstellung von nah- und ferngelenkten Klangerzeugern aller Art durch je einen »Ein-Mann-Orchester«-Spieler zum Sujet hat.
1974 übernahm Kagel an der Kölner Musikhochschule eine Professur für »Neues Musiktheater«.
Eine wesentliche Dimension der Kagelschen Arbeit sind die Filme, die meistens im Auftrag des Fernsehens gedreht wurden: »ANTITHESE« (1965), »MATCH« (1966), »SOLO« (1967), »DUO« (1968), »HALLELUJAH« (1968), »LUDWIG VAN« (1970) und »ZWEI-MANN-ORCHESTER« (1973). Für den Rundfunk hat er dem Hörspiel entscheidende Impulse gegeben, so mit »AUFNAHMEZUSTAND I/II/III« (1969/71), »GUTEN MORGEN!« (1971) und »SOUNDTRACK« (1974). Die ungeschminkte

Mitwirkung des Konsumenten interessiert ihn ebenso (»PROBE«, Versuch für ein improvisiertes Kollektiv, 1971) wie der Aufbau nichthierarchischer Klangerzeuger für musikalische Früherziehung. Die Pläne der neuen Musikinstrumente für Kinder, die er mit den Teilnehmern der von ihm geleiteten Kölner Kurse für Neue Musik entworfen und realisiert hat, gingen in alle Welt: »Nachahmung und Nachbau sind nicht durch Copyright geschützt« (Kagel).

Felix Schmidt

Denke ich an Argentinien in der Nacht

Die Bitte des schwedischen Rundfunks, einige Gedanken über die argentinische, die lateinamerikanische Musik beizutragen, stellt mich vor eine diffizile Aufgabe.
1931 in Buenos Aires geboren, verließ ich Argentinien 1957 und war in den vergangenen zehn Jahren nur einmal dort, für einen strikt familiären Besuch.
Es ist nicht so, daß ich das Land meiner Geburt verachte oder daß die argentinische Nationalität mir Unbehagen bereitet. Aber die ununterbrochene politische Katastrophe, die seit bald 30 Jahren Argentinien (und den südamerikanischen Kontinent sogar noch länger) würgt, ist eine zu schwere Hypothek beim Verfassen von Gedanken, die ausschließlich musikalischen Themen gewidmet sein sollten. Wenn ich das Wort »Argentinien« höre, denke ich nicht zuerst an Musik, Literatur, Theater oder bildende Künste, sondern an die Reihe miserabler Regierungen und Diktaturen, an die Zensur – die eher von unglaublicher Naivität als von übertriebener Bosheit zeugt –, an die triste Rolle der Kirche, an den systematischen Abbau fortschrittlicher Universitäten, an den charmanten Ausverkauf der Bodenschätze, an die Kurzsichtigkeit gegenüber sozialen Notwendigkeiten, an die unendliche Kette von Fehleinschätzungen, Selbstmitleid, Verrat, Mängel und Unvollkommenheit, die diese menschenunwürdigen Menschen vollbrachten, die sich mit Stiefel und hierarchisch poliertem Blech umgeben und die man schlicht »Militär« nennt.

In Argentinien fremd und in Europa ein Südamerikaner habe ich mir manchmal die Frage gestellt, wie (und wo?)

jene Chimäre, in einem vertrauenerweckenden Land zu leben, verwirklicht werden könnte. Ein Land ohne Befehlshaber des Glaubens und Vaterlandsbegeisterung, ohne nationalen Schwulst und Panrassismus, ohne Offiziere als Gesetzgeber und Ratgeber als Minister, ohne ritterliche Führer und Beseliger aller Dinge, ohne Gruppengesang, Lenker, Friedensfürsten, Versöhner, Scharfrichter, Gedenktafeln. Ein Zauberland? ein utopisches Nichts? ein komponiertes Hirngespinst? Sicher.
Die tugendhafte Ohnmacht der (lateinamerikanischen) Intelligentsia gegenüber der regierenden Macht hilft kaum noch, das Kind beim rechten Namen zu nennen. Es wird auch dort immer noch nach Byzanz gekrochen, um den Speichel amtierender Minister zu sammeln; man kommt immer noch auf allen vieren zu jenen politischen Parteien, die die alten Schulden nicht begleichen, auch dann nicht, wenn man sich reichlich mit spießigem Gedankengut eingedeckt hat.

Wenn ich an Argentinien denke, dann muß ich notgedrungen an all jene begabten südamerikanischen Künstler denken, die verbriefte Minderwertigkeitskomplexe herumschleppen und stets entschlossen sind, das nächste Schiff zu nehmen, um ihre Heimat, diese Zukunftsländer, für immer zu verlassen.
Ich erinnere mich genau an jene pflichtbewußten Intellektuellen, die sehr früh das Arbeitspensum als festen Teil der Pensionierung betrachteten, und an die gehorsamen Funktionäre des Musiklebens, welche der Gestank der persona gratissima umhüllte; an jene Stützen der musikalischen Gesellschaft, die beim Anblick einer Hirtenflöte an eine Friedenspfeife dachten und sich vor einer Querflöte eine Lokkenperücke aufklebten; an die kritische Inzucht der Rezen-

senten; an die Feuilletonchefs der »großen« Zeitungen und ihre Halbtagsschreiber, die als Säuglingsschwestern und Diakonissen, Wohlfahrtspfleger und Krankenwärter der breiten Schicht fungierten und somit die Herzensbedürfnisse eines stets falsch verstandenen Katechismus befriedigten. Ich kann sehr viel über den Tagesgeschmack als letzten Schrei und den Massengeschmack als dernier cri, über den Allerweltsgeschmack dieser Wunscheuropäer berichten, die den inventurbeflissenen Europäern Sonnenaufgänge und glückliche Folklore lieferten und die beim Anbruch des ersten ernsten, roten Morgengrauens die Nase rümpften. Und diese Pfadfinder der Bildung im südlichen Kontinent, diese Analphabeten des Musikunterrichts, die an den Konservatorien und Instituten für »höhere« Studien lehren und dabei Harmonie in Harakiri, Kontrapunkt in Kindesopferung, Gesang in Kehlabschneidung verwandeln; die den Begriff Modulation verstümmeln, Rhythmik motorisieren, aus den zwölf gleichen Tönen einen Gipsabguß machen, Aleatorik kodifizieren und Arrangements aus Arrangements verkaufen, sich ein Fell über die Ohren ziehen, um elektronische Musik zu deuten, die tonangebend und in Wirklichkeit Klangschlächter sind.
... Und wieviel von dem allen habe ich in Europa wiedergefunden!

Dezember 1967

J'accuse II

Musikkritik als ständiger Balanceakt zwischen objektiver Berichterstattung und subjektivem Eindruck ist den meisten Rezensenten bewußt, die das Schreiben hauptberuflich ausüben, zumal aus der Veröffentlichung der *eigenen* Meinung der Lebensunterhalt bestritten werden muß.
Zweifellos ist diese Situation der des Komponisten ähnlich, der Aufträge mit musikalischen Gedanken honoriert, nicht zuletzt in der Hoffnung, eines Tages hauptsächlich von *seiner* Musik leben zu können. Auch die Eile, mit der in der Regel Musikkritik geschrieben werden muß, sowie die Verbreitung der Produktion sind beim Komponisten und Kritiker nicht unähnlich. So erleben viele Werke die Ur- als Letztaufführung – und die meisten Rezensionen sind nur einmal (und in einem einzigen Blatt) zu lesen; so werden manche Musikstücke ab und zu wieder aufgeführt – und manche Kritiken ebenfalls von verschiedenen Zeitungen abgedruckt und im Rundfunk gesendet; so finden die wenigsten Kompositionen ein breites Forum – und sind Berichte, die als Musterbeispiel von allen Seiten akzeptiert werden, Ausnahme.
Es wäre zu einfach, wollte man von einem Musikkritiker behaupten, der ausschließlich vom Schreiben zu leben versteht, er sei verschlagener als andere Kollegen, die nur einen Teil ihres Einkommens durch Rezensionen zu bestreiten imstande sind. Die Voraussetzungen für eine kontinuierliche Tätigkeit auf diesem Gebiet sind hart. Nicht nur Begabung zu schnellen, treffenden Formulierungen und der Streß der redaktionellen Deadline gehören dazu, auch die Pflege einer wohldosierten Aggressivität ist unerläßlich.

Ein Aspekt, welcher beim Verfassen von Kritiken eine wesentliche Rolle spielen dürfte, ist die kulturpolitische Strategie des Organs, für das die Veröffentlichung bestimmt ist. Die Berücksichtigung der Wünsche, Erwartungen und Ansprüche von Feuilletonchefs, Ressortleitern und Rundfunkredakteuren seien deswegen hier erwähnt. Im allgemeinen stellen die Beziehungen zwischen Redaktion und Kritiker ein undurchsichtiges Spannungsfeld von einseitigen bis gegenseitigen Abhängigkeiten dar. Gerade die journalistische Berichterstattung über künstlerische Geschehnisse nimmt einen besonderen – weil unstabilen – Stellenwert ein. Daher meine erste These:

> *1. Jede Konzert- und Theaterkritik tangiert immer – und zwar in mehr oder weniger offener Form – die ideologischen Richtlinien des publizistischen Organs, in dem sie abgedruckt wird; der Grad ihrer Brisanz hat aber weniger mit der Sache als mit dem Verhalten der Redaktion zum Zeitpunkt der Veröffentlichung zu tun.*

In unmittelbarer Beziehung dazu dürfte die alte Frage der journalistischen Toleranz *innerhalb* der Branche stehen (irrtümlicherweise manchmal Meinungsfreiheit genannt). Genauso wie in rechten Blättern linke Berichterstatter keinen Platz finden (oder wenn geduldet, nur unter ständiger Dämpfung ihres Gedankenrepertoires), so ist kaum zu erwarten, daß linke Blätter einen Kritiker von rechts beschäftigen und anders behandeln. Liberale Organe pflegen zwar eine flexiblere Haltung, aber auch hier fallen ideologische Schlußfolgerungen, wenn zu heftig betrieben, unangenehm auf und werden daher – wenn ihre Behandlung unausweichlich erscheint – eher vom Subjekt abgeleitet als a priori dem Thema aufgestülpt. Vorwürfe über die Manipulation des

Nachrichtengutes und eine verdeckte Subjektivierung objektiver Information müßten eigentlich – wenn man an die Feuilletons der Blätter jeglicher Couleur denkt – in allen Richtungen erhoben werden.
Meine zweite These präzisiert und ergänzt diese Gedanken:

2. Berichterstatter, die in sehr verschiedenen Organen veröffentlichen, passen ihre Schreibweise und Argumentation dem jeweiligen Stil der Publikation an. Damit sichern sie sich zunächst – vor allem, wenn sie freie Mitarbeiter sind – eine kontinuierliche Nachfrage für ihre Tätigkeit (selbst, wenn dies auf Kosten ihrer ideologischen Glaubwürdigkeit geschieht).

Am besten kann man die Bestätigung dieser These bei Rezensenten beobachten, die gleichzeitig in Blättern mit einer ausgeprägten politischen Richtung veröffentlichen, aber ihre Kritiken auch milderen Organen oder Rundfunkstationen abliefern. Als ideales Beispiel hierfür dient das Feuilleton der »Frankfurter Rundschau«. Bestechendes Merkmal der dort publizierten Musikkritiken ist die kodifizierte Frömmigkeit eines Vokabulars, das primär zu Diensten einer gesellschaftskritisch orientierten Berichterstattung sein will. Die Redaktion erwartet vom Rezensenten eine durchweg devote, scharfe Anwendung des analytischen Instrumentariums, eine Aufgabe, die stichhaltige Information mit einem aufklärerischen Kommentar durchleuchten soll.
Interessant ist die Tatsache, daß weder im politischen noch im wirtschaftlichen Teil des Blattes, wo man es am ehesten erwarten würde, eine so orthodoxe Sprache verwendet wird. (Dies bekräftigt leider meine alte Beobachtung, daß das Gefühl grundsätzlicher Ohnmacht bei Intellektuellen sich in

der übergebührlichen Ansammlung von kritisch klingenden Begriffen äußert.) Weniger Idioms würden eine befriedigende Kompensation wohl nicht herbeiführen. Aber, wie steht es mit der Weitergabe von stichhaltiger Information?

Aus den zahlreichen Rezensionen meiner Arbeit, die in der »Frankfurter Rundschau« publiziert worden sind, konzentriere ich mich zunächst auf die Kritik von Ulrich Schreiber, erschienen am 18. November 1972 unter dem Titel »Affektprojektionen, gebündelt«. Schreiber geht es darum, »aufgezeigt an der ›Kageliade‹« – die vom 3. bis 5. November 1972 in Bonn stattfand –, »Kritisches über Mauricio Kagels Entwicklung« zu demonstrieren. Ist aber der sachliche Unterbau mürbe, dann wird ohne Skrupel phantasiert und vor der Verbreitung falscher Angaben nicht zurückgeschreckt, um dem Leser eine perfekte Stichhaltigkeit in der Beweisführung vorzutäuschen.
Es wurde in Bonn ein Konzert durchgeführt, das ich »Musik aus dem Ghetto« nannte, gesendet vom WDR III als »Nachtmusik« am 4. November 1972 um 22 Uhr direkt aus der Beethovenhalle. Ausgangspunkt dieser Veranstaltung mit den Stücken »Unter Strom« für drei Spieler, »Schlag auf Schlag« für vier Singende Sägen und »Tactil« für drei war der gleichzeitige Kommentar von drei verschiedenen Personen über ihre akustischen *und* optischen Eindrücke während der Live-Übertragung des Konzerts. Eine vierte Person blendete jeweils Fragmente einer dieser Kommentare zu der aufgeführten Musik ein.
Meine Absicht war in erster Linie, zu zeigen, wie vielfältig die Möglichkeiten für eine Auflockerung des Mediums Rundfunk sein können, wenn die scheinbare Barriere einer einseitigen Vermittlung – nämlich jene, die nur die akustische Dimension betrifft – abgebaut wird. Neue Musik ist für

solche Experimente besonders geeignet, da der Hörer sich weniger mit der Güte der Interpretation bewußt zu befassen braucht als vielmehr mit der Verarbeitung unbekannter Klänge und musikalischer Zusammenhänge. Zur Realisation meines Planes lud ich drei grundsätzlich anders geartete Kommentatoren ein, von denen ich mindestens eine divergierende Formulierung über Musik erwarten durfte und die auch Abwechslung in die stimmliche Dramaturgie der Sendung bringen konnten.

Als ersten Moderator wählte ich einen erfahrenen Rundfunkreporter, der sowohl für die Sportredaktion des WDR bei Direktübertragungen zu sprechen pflegt wie auch im Studio oder vor Ort für das tägliche Magazin über verschiedene Ereignisse berichtet. Über die Lebendigkeit seines Kommentars konnte ich sicher sein. Der zweite Moderator war ein Musikwissenschaftler mit einschlägigen Kenntnissen der neuen Musikszene, bestens informiert über meine Kompositionen sowie über die Absichten, eine neue radiophonische Form zur Vermittlung gegenwärtiger Musik zu entwickeln. Über die Stichhaltigkeit seines Kommentars bestand kein Zweifel. Als dritten Moderator hatte ich einen Laien vorgesehen, der sich nicht nur in meiner oder der neueren Musik mangelhaft auskennen würde, sondern, aufgrund unzureichender Konzertbesuche traditioneller Art, kaum imstande gewesen wäre, Nomenklatur und sprachliche Manierismen des Musiklebens beim Namen zu nennen. Hier durfte man jedenfalls einen unbelasteten, spontanen Kommentar erwarten.

Ich zitiere aus der Rezension von Herrn Schreiber:

> »Wenn Kagel als einen der drei Moderatoren den Verleger jenes Buches bestellt (Reinhold Neven DuMont), das Dieter Schnebel über Kagel verfaßt hat, dann schließt sich der Regelkreis, wandelt sich – mit der Widerstands-

armut von modernen Halbleitern – Kagels universalistischer Musikbegriff zu einem nicht minder universalistischen der Distributionstechnik.«

Es wäre lediglich eine Ironie journalistischen Schicksals, wenn Schreiber die bloße phonetische Übereinstimmung zwischen DuMont und DuMont zu falschen Überlegungen geführt hätte. Da er aber grundsätzlich bemüht war, aus der Besetzung meines Moderatorenteams voreilige – weil bereits vorgefaßte – ideologische Schlüsse zu ziehen, scheint es mir hier angebracht, aus meinem Brief vom 22. 11. 1972 an den Chefredakteur der »Frankfurter Rundschau« zu zitieren, da gerade *dieser Abschnitt* am 28. 11. in der Rubrik »Freie Aussprache«, die das Blatt dem Abdruck von Leserbriefen reserviert, nicht veröffentlicht wurde:

»Dr. Reinhold Neven DuMont, einer der drei Moderatoren der WDR-Direktsendung vom Konzert ›Aus dem Ghetto‹ (Nachtmusik, Beethovenhalle, 4. 11. 1972), ist *nicht* der Verleger des Buches von Dieter Schnebel über meine Arbeit (›Mauricio Kagel: Musik Theater Film‹). Vielmehr ist richtig, daß Herr Neven DuMont keine geschäftlichen Verbindungen mit dem Verlag DuMont Schauberg hat, sondern den Verlag Kiepenheuer und Witsch leitet.«

Fatal wird erst der Zusammenhang zwischen manipulierter Nachricht à tout prix und kritischem Jargon am 24. 11. An diesem Tag erscheint in der Rubrik »Kurz gemeldet« – *nachdem mein Brief die Zeitung am 23. 11. erreicht hat* – folgende Notiz:

»Durch ein Versehen der Redaktion schlich sich in Ulrich Schreibers Kagel-Artikel ... ein Fehler ein. Im Zusammenhang mit Schreibers Ausführungen über Kooperation zwischen dem Komponisten Kagel und der Verlegerfamilie Neven DuMont muß es richtig heißen: ›Wenn

Kagel als einen seiner drei Moderatoren ein Mitglied jenes Kölner Verlegerimperiums (Neven DuMont) bestellt, das auch Dieter Schnebels Kagel-Buch herausgebracht hat, dann schließt sich der Regelkreis, wandelt sich – mit der Widerstandsarmut von Halbleitern – Kagels universalistischer Musikbegriff zu einem nicht minder universalistischen der Distributionstechnik.‹«*

Außer der Tatsache, daß die Redaktion mit dem Ursprung der Berichtigung eine entstellende Verschleierung ausübte, wird von Schreiber wieder etwas behauptet, was die Wirtschaftsredaktion des Blattes leicht richtigstellen könnte: die Verlage Kiepenheuer und Witsch und DuMont Schauberg haben keine gemeinsame ökonomische Basis, auch nicht über eine Holdinggesellschaft. Hier wird dem Leser eine unwahre Behauptung (»Kölner Verlagsimperium«) als Aufdeckung fiktiver Zusammenhänge serviert.

Leider ist die bewußte Fälschung von Information kein Einzelfall. In der gleichen Rezension wird zum Beispiel über die Kölner Kurse 1972, die der Musiktherapie gewidmet waren, folgendes berichtet:

»... wir werden auf die Kurse noch zurückkommen. Der Auftakt indes (offiziell zur ›Kageliade‹ gerechnet) ließ Skepsis über Kagels soziale Verantwortung hochkommen. Dabei ist nicht einmal der Versuch gemeint, daß sein Interesse für die Musiktherapie an Psychotikern sich gegen das bislang bei uns zu diesem Zweck verwendete

* Erwähnenswert sei hier Schreibers bundesweite Distributionstechnik und seine organisatorische Begabung: der Bericht über die Konzerte in Bonn wurde leicht gekürzt am 4. 11. 72 vom *Südwestfunk*, kurz danach in gleicher Fassung vom *Bayerischen und Österreichischen Rundfunk*, von *Radio Bremen* und der *Deutschen Welle* gesendet. Etwas erweitert erschien am 18. 11. der Text in der *»Frankfurter Rundschau«*. Ob er auch woanders abgedruckt wurde, ist mir nicht bekannt.

Orffsche Instrumentarium richtet und einen Absatzmarkt für seine eigenen Instrumente sondiert.«

Da der Verdacht über den »Absatzmarkt« ernst gemeint ist, konnte man bereits am 7. 12. ebenfalls eine Kritik von Schreiber in der »Frankfurter Rundschau« lesen.* Groteskerweise war der Kritiker bis auf den letzten Tag der Kurse (28. 11.) kein einziges Mal in Bonn.

Aus meinem Brief an den Chefredakteur des Blattes:

»Bis zum heutigen Tage (22. 11. 72) hat sich Herr Schreiber bei den Kölner Kursen für Neue Musik 72, die im Landeskrankenhaus in Bonn seit dem 6. 11. 72 durchgeführt werden, *nicht sehen lassen* ... Wäre Herr Schreiber in Bonn anwesend gewesen, so hätte er sich aus erster Hand informieren können, daß weder von experimentellen Klangerzeugern noch von Kinderinstrumenten à la Kagel die Rede gewesen ist. Vielmehr ist richtig, daß alle Klangerzeuger, die unter meiner Leitung voriges Jahr entwickelt worden sind, bis vor einigen Tagen in Leverkusen ausgestellt waren und seitdem in der Volkshochschule in Bergisch Gladbach magaziniert werden. Darüberhinaus möchte ich aus meinem Vorwort zur Broschüre ›Kinderinstrumente‹, die die Rheinische Musikschule im September 72 herausgegeben hat, zitieren: ›Der Nachbau der hier vorgestellten Klangerzeuger ist in jeder Form gestattet.‹ Der Nachdruck der Broschüre ist ebenso erlaubt. Wäre ich daran interessiert, mich an diesen Instrumenten zu bereichern, oder hätte ich irgendwelche

* In diesem Zusammenhang möchte ich außerdem darauf hinweisen, daß die Rheinische Musikschule am 12. 10. 72 ein von mir verfaßtes Rundschreiben an alle Studierenden der Kölner Kurse sandte: »Wir würden es begrüßen, wenn jeder Teilnehmer ein Musikinstrument oder beliebigen Klangerzeuger mitbringen könnte.« In diesem Sinne brachte jeder ein Instrument seiner Wahl nach Bonn.

> außermusikalischen Interessen an deren Verbreitung, dann hätte ich sicher anders gehandelt (z. B. ein ›Kagel-Schulwerk‹ verfaßt und Kontakt mit Instrumentenmachern aufgenommen).«

Und zu der Aufführung von »Repertoire« im Landeskrankenhaus während der »Kageliade« schrieb ich im gleichen Brief:

> »Der Zynismus, den Herr Schreiber mir unterstellt, indem ich ein Stück lädierter Welt für lädierte Menschen vorspiele, kann nur eine Folge der recht biederen Vorstellung von Therapie sein, die Herr Schreiber offenbart, indem er die Darstellung des Stückes in der Hamburger Staatsoper befürwortet, weil es sich dort ›um »normales« Publikum‹ handelt. Die Welt scheint mir eher ausschließlich von Patienten bevölkert zu sein, welche sich lediglich durch den Grad ihrer Krankheit unterscheiden. Wäre Herr Schreiber seit dem Beginn der Kölner Kurse über Musiktherapie in Bonn anwesend gewesen, so hätte er Gelegenheit gehabt, mit den Patienten des Krankenhauses anläßlich der täglichen ›Blitzkonzerte‹ zu sprechen. In diesen Konzerten wurden Alte und Neue Musik, Psychomimodramen, Folklore, Blues und Jazz geboten, und es stellte sich heraus, daß die Patienten keineswegs nur ›heile‹ Musik wünschen, sondern für das Lädierte einen *gesunden* Sinn haben. Dieser scheint leider Herrn Schreiber zu fehlen. Solche Rezensionen bringen das Feuilleton der ›Frankfurter Rundschau‹ gefährlich in die Nähe jener Presse, deren manipulierte Information Ihr Blatt mit Recht ablehnt. Wenn Herr Schreiber ankündigt, ›er werde auf die Kurse noch zurückkommen‹, dann muß man sich fragen, aufgrund welchen Materials der Rezensent etwas zu berichten gedenkt, wenn er bis dato das Objekt seines Berichts nicht kennengelernt hat. Man kann also

mit aller Wahrscheinlichkeit erwarten, daß die Feuilletonredaktion der ›Frankfurter Rundschau‹ noch einmal Unhaltbares abdruckt.«

Am 7. 12. war das der Fall. Schreiber war offensichtlich zutiefst gekränkt, daß ich gewagt hatte, gegen seine Irreführungen Stellung zu nehmen. Aus Beobachtungen ähnlicher Situation zwischen Kritikern verwandter Gesinnung und anderen Komponisten, Interpreten oder Veranstaltern glaube ich, die gleiche Reaktion häufig bemerkt zu haben: fühlt sich der »progressive« Berichterstatter verletzt, dann regrediert er entsprechend zu einem verzerrten Urteil. Nicht die Überzeugung von einer kulturkritischen Theorie scheint die Basis zu einer strengen Auseinandersetzung zu schaffen, sondern eine bejammernswerte Mischung von pauschalem Eindruck und unstabiler Wertung (z. B.: ob Thema und Person für den Rezensenten »in Ordnung« oder »nicht in Ordnung« sind).

Deshalb hier die dritte These:

3. Persönliche Antagonismen eines (sich »gesellschaftskritisch« einstufenden) Rezensenten schärfen seinen sozio-kulturellen Spürsinn gegenüber dem Objekt seiner Kritik. Ist der Berichterstatter aber dem Rezensierten freundlich gesonnen, dann rückt die Anwendung der gesellschaftskritischen Theorie in einen vordergründigen Hintergrund. Bei geschickter Argumentation wird der Leser nie merken, ob der Reflexion eine subjektive oder objektive Dialektik zugrunde liegt.

Jedoch: ein schlecht verdauter Hegel verleitet zu dialektischer Dummheit. Und: Nachahmungen von Adorno lassen Dialektik zum Dialekt werden.

Musikkritik ist ein unerläßliches, notwendiges Korrektiv.

Eigentlich kann nur *der* Rezensent sein, der, von der Heftigkeit oder Langeweile einer Komposition beruflich am meisten betroffen, seine Eindrücke in Worten formuliert. Denn er setzt Gehörtes in Geschriebenes um, sozusagen Musik in Sprache. (Der Hörer-Hörer braucht dagegen seine Eindrücke nicht zu ordnen.)
Da Menschen über Musik nicht mit einer Syntax von musikalischen Mitteln kommunizieren, sondern ausschließlich mittels Sprache, fällt dem Kritiker eine zunächst sonderbare Stellung zu: er ist derjenige, der für die Öffentlichkeit die sprachlichen Regelungen, Modismen und Blickpunkte findet, die – jedenfalls eine Zeitlang – zum beständigen Teil des Dialogs über ein musikalisches Ereignis werden. Ist aber die Sprache des Kritikers unverständliches Kauderwelsch, dann betrügt er sowohl den Anspruch seiner Leser auf Information und mißbraucht zugleich das wissenschaftliche Vokabular kulturkritischer Theorien.
Unangemessener Gebrauch der Termini Technici zum Zwecke einer modischen Mundart über Musik stumpfen à la longue das Bewußtsein des kritischen Hörers eher ab, anstatt seine Wachsamkeit anzuspornen. Dies ist leider in der Bundesrepublik bereits vielfach geschehen.
Alles, was »nicht stimmt« im Musikleben, in Kompositionsmethoden, Stilen, rechtlichen und institutionellen Fragen, pädagogischen Richtlinien, Verlagswesen, Struktur von Rundfunk und Fernsehen, kommunaler und staatlicher Kulturpolitik mit Orchester und Theater bedarf offener Aussprache und schonungsloser Behandlung. Dies ist aber kein Grund, die Musik *selbst* in Frage zu stellen. Da wird häufig von der »richtigen« Seite der falsche Bock abgeschossen. Merkwürdigerweise hören nicht die »progressiven« Kritiker auf, von der Berichterstattung über Musik zu leben, sondern es sind meist junge Hörer, denen, durch mangelnde Erfah-

rung mit musikalischen Zusammenhängen einerseits und politische Theorie andererseits, die Reife fehlt, rechtzeitig die musikkritische Irreführung zu entdecken. Am Schluß wenden sie sich in toto von der E-Musik ab. Eine methodische Untersuchung des Themas »Ideologische Verwechslung von Kausa und Effekt bei der Verfassung von Musikkritik. Konsequenzen aus der Rezeption von Fehlurteilen« ist überfällig.

Eines der häßlichsten Kapitel in der Geschichte der »progressiven« Berichterstattung ist die Ausnutzung des Vietnam-Krieges. Damit wurde rücksichtslos auf die Tränendrüse der kritischen Leser gedrückt, bis – der Wirkung von Tränengas ähnlich – auf lange Sicht das Interesse des Hörers an Musik, insbesondere an Neuer Musik, lahmgelegt werden konnte.
Da ich zum Zeitpunkt der Niederschrift dieses Aufsatzes mit Peter Fuhrmann u. a. über dieses Thema ein ausführliches Gespräch hatte, möchte ich wörtlich daraus zitieren*:

> »Die Kulturlandschaft ist mit winzigen ›Möchtegern-Che-Guevaras‹ bevölkert, die sich im Feuilleton- und Rundfunkbetrieb auskennen und dort ihr papierenes Ventil finden. Es ist traurig, feststellen zu müssen, daß es Leute gibt, die ihr politisch schlechtes Gewissen auf diese Weise reproduzieren und von anderen erwarten, daß sie in ihren Werken die Politik machen, welche sie selbst nicht fähig sind, zu verwirklichen. Wenn ich die Misere auf der Welt betrachte, dann kann ich nicht ernsthaft Musik komponieren, die den Anspruch erheben soll, jene Misere durch Musik zu vermindern. Musik hilft sicher nicht, Misere zu lindern. Deswegen fand ich es stets so

* Vollständiger Abdruck im Jahrbuch '73 von »Opernwelt«. Velber bei Hannover.

schrecklich und beschämend, als man in Deutschland bis vor kurzem in Rezensionen regelmäßig lesen mußte (und zwar nur nach Konzerten, wo *neue* Werke uraufgeführt wurden): ›*wie-kann-man-solche-Musik-während-des-Krieges-in-Vietnam-schreiben*‹. Dieser Satz ist besonders mies, weil, wenn man ihn streng prüft, auch folgendes zu verstehen ist: Wäre dieses neue Musikstück besser, spannungsvoller komponiert, dann würde es *doch* während des Krieges in Vietnam gespielt werden können. (Da man sich aber gelangweilt hat, scheint es angebrachter im sicheren Europa, aus der Moral zu pflücken.)
Ideologische Kurzschlüsse sind ein Teil der Unfähigkeit, konkrete Politik zu machen. Eine dilettantische Politisierung, die man allen Ernstes als ideologische Alternative bietet, ist gemeingefährlich. Schreibt man, daß man ja keine solche Musik während des Massakers in Vietnam komponieren soll, dann muß man zu allererst an die Funktion der eigenen Rezension denken, und überhaupt an alles, was nicht unmittelbar und tatsächlich die Vietnam-Katastrophe stoppen hilft.
Begnügt man sich mit dem bloßen Verkünden solchen Trübsinns, dann hilft man gerade reaktionären Kreisen. Ich bin rücksichtslos gegen die Anwendung von Begriffen, die das Peinliche eher verniedlichen als aufdecken. Von mir stammt übrigens jener Satz, der zu dieser unüberlegten Feuilleton-Ideologie Stellung nimmt: ›Sollte ich während des Krieges in Vietnam sterben müssen, dann lieber als Komponist und nicht als »progressiver« Musikkritiker‹.«*

* Es wäre sicher aufschlußreich, wenn man eine Untersuchung machen würde über die Werke, die in den letzten 250 Jahren geschrieben worden sind, während Kriege, Revolutionen, Katastrophen aller Art die Welt erschütterten, oder auch während der Zeit weltweiter ökonomischer Kri-

Leider sehe ich auch Komponisten an der nächsten Chile-Kantate arbeiten, in der die Schreckenstaten der Militärdiktatur in säuberlich organisierten Tonreihen disponiert werden, oder an einem Griechenland-Oratorium für Soli, Chöre, Orchestergruppen und elektronische Klänge, mit gut hörbaren Opferschreien und Foltergeräuschen, damit das internationale Publikum das Engagement spürt. Und das Wort *Freiheit* wird durch den Klangwolf des Synthesizers so lange moduliert, bis man es deutlich mißversteht. Nebenbei kann damit demonstriert werden, daß elektroakustische Verarbeitung nie allerletzte Verständlichkeit behindert. Und schließlich erhebt sich das leidende Proletariat aller Länder im Zeichen der Dankbarkeit, wenn Komponisten durch Tonsetzung des Marxschen »Kapital« sich mit ihm solidarisieren. Denn solche nützlichen Klangdichtungen sind – besonders für »progressive« Komponisten und Kritiker – unentbehrliche Dokumente auf dem Wege zu einer gerechten Gesellschaft. Doch auch diese Musikwerke verzichten nicht auf den verschwenderisch teuren, aber effektvollen spätkapitalistischen Klangapparat. Chor und Orchester müßten eigentlich – gemessen an der stets unrentablen Zuhörerzahl – eine Herausforderung des gesunden – weil sozial denkenden – Komponistenverstandes sein. Das ist jedoch selten der Fall. Sind die Widersprüche zwischen dem Einsatz beträchtlicher Mittel bei der Produktion groß aufgemachter links-bürgerlicher Musik und der daraus resultierenden mageren Unterstützung der Ziele der Weltrevolution sowohl den passiven wie den aktiven Akteuren dieser pseudo-politischen Divertissements nie aufgefallen? (Übrigens: Um bürgerliche Konzerte par excellence zu hören, ist

sen. Anschließend müßte man feststellen, inwieweit die außerordentlichen Zustände der Umwelt sich in diesen Kompositionen hörbar machten.

ein Besuch der sozialistischen Länder empfehlenswert. Warnung: Ohne Jackett und Krawatte kommt man nirgendwo hinein.)
»Die Revolution braucht keine Musik«, sagte mir John Cage in Venedig (Sept. 1972). »Aber die Musik braucht ständig eine«, bemerkte ich und fügte hinzu »Krise«. Sicher braucht die Musik keine Revolution, die unter dem Joch von Apparatschiks und Kulturfunktionären endet. Daß die Volkstümlichkeit eines Komponisten keineswegs die Teilnahme des Volkes an seiner Musik bedingt, sollte längst erkannt sein. Bürgerliche Links-Intellektuelle wissen ihr wackelndes Gewissen liebevoll zu pflegen. Sie sprechen häufig von der Solidarität mit der Arbeiterklasse und legen dabei die gedankliche Betonung auf »Klasse«. Es ist eine seltsame Linke, sie leidet musikalisch unter spätkapitalistischem Weltschmerz.

Immer wieder scheint es mir, als ob die Solidarität, die »fortschrittliche« Rezensenten vom Komponisten verlangen, nicht so sehr mit der Sache als Solidarisierung mit dem Rezensenten selbst bedeutet. Sozusagen eine praktische Bestätigung musikkritischer Sehnsucht nach dem Arbeitsmotto:
»Keine Ungerechtigkeit dieser Welt ist unmusikalisch.«
An dieser Stelle ist meine vierte These angebracht:

4. Es sind meistens nicht die Komponisten, die vorwiegend linke Musik fordern, sondern jene, die darüber schreiben wollen.

Interessant ist, zu beobachten, wie Kompositionsmoloche auf- und abgebaut werden. Jeder lebende Komponist, der als Beispiel eines »richtigen« Komponierens, eines »gesunden« Handelns, eines »politischen« Denkens aufgeführt wird, kann der Fragilität seiner Rolle sicher sein. Denn in der Regel werden Komponisten bei zunehmender Verbreitung ihrer Arbeit regressiver eingestuft, wenn sie sich nicht – auch nur durch Worte – mit dem kulturpolitischen Kurs, der dem linken Feuilleton paßt, solidarisieren. So entsteht allmählich eine wandelbare Bestandsaufnahme der politischen Gegenwart, die im nachhinein die Stellung gegenwärtigen Komponierens ständig negativer beurteilt. Die wahrscheinlich einzigen Beispiele einer befriedigenden Betrachtungsweise der »Progressivität« sind in der Vergangenheit zu finden, weil Musikgeschichte zwar in der historischen Bewertung eine veränderliche Dynamik erfährt, zugleich aber die ideologische Stichhaltigkeit der Meinung einigermaßen garantiert. (Hanns Eislers Verwirklichung in der spätproletarischen Welt der DDR ist ein Zeugnis dieser Ambivalenz Die Wirklichkeit der Arbeiter- und Bauernklasse erlebt noch heute ihr Requiem und ihre Auferstehung in der Vorstellung der Kulturfunktionäre. Eisler als ausgesprochenen »Komponisten der Arbeiterklasse« zu offerieren, ist mit einem alten Streifen in Hollywoodfarben vergleichbar. Nirgends ist die aufrichtige Unwirksamkeit eines Aufrichtigen deutlicher geworden als im Falle Eislers. Er, einer der schärfsten, im besten Sinne undogmatischsten Köpfe der ersten Hälfte dieses Jahrhunderts, wird durch seine Jünger und Parteiträger entmusikalisiert. Es ist dies ein Prozeß, den ich in der Theorie einer kritischen Kulturpolitik zum »sozialistischen Surrealismus« rechnen würde.)

Komponisten, die ihre Solidarisierung öffentlich bekunden, jedoch in ihrem Musik- und Lebensstil eher das Gegenteil betreiben, werden schonend behandelt. Sicher ist dies eine Honorierung besonderer Art: mit künstlich eingeengten

Grundsätzen können die gegenwärtigen Widersprüche des Komponierens inadäquat analysiert werden. So entsteht ein geistiger Kuhhandel großen Ausmaßes: der »politische« Kopf des »progressiven« Komponisten wird einkassiert und die Wirkungslosigkeit seiner Musik in Kauf genommen. Man soll jedoch nicht den Fehler machen, dem Marxismus die Sünden seiner Verteidiger anzulasten. Der Mißbrauch einer politischen Theorie denunziert keineswegs die Anfälligkeit dieser Theorie, mißbraucht zu werden, sondern beweist höchstens die schlechte Vorbereitung ihrer Anhänger, mit ihr umzugehen. Linkssein verpflichtet zu einer strikten Einhaltung der Wahrheit, da Unpräzises, Halbwahres oder Ungenaues auf Kosten der politischen Theorie geht. Die ahnungslosen Leser glauben leider auch an die Wahrheit von manipulierten Informationen, wenn diese mit dem Firnis der Gerechtigkeit überzogen sind.
Aber, wie steht es mit einer präzisen, wahren Information? Zwischen Januar 1971 und Dezember 1973 habe ich – ohne mich bei dieser Tätigkeit besonders angestrengt zu haben – *über 230 sachlich unhaltbare Informationen, Fehler, erfundene Tatsachen, Lügen und blanke Diffamierungen* gezählt, die von den sich als »progressiv« bezeichnenden Rezensenten in der Bundesrepublik ausgestreut worden sind. Die Technik zur Irreführung der politisch interessierten Öffentlichkeit ist eigentlich immer die gleiche: im Zweifelsfall eine Abrundung der Information nach rechts, um sie der linken Weltanschauung besser anpassen zu können. Ein Zurechtbiegen zur objektiv falschen Seite ist wirksam im Sinne der Schwarzweiß-Abschreckung, wenn die Verdrehung verdächtig Reaktionäres hervorbringen läßt.
Daher die fünfte These:

5. Objektiv sachliche, stichhaltige Informationen über musikalische Zusammenhänge, die nicht ins politische Konzept passen, werden je nach Umstand weitgehend ignoriert, verschleiert oder deformiert.

Dafür einige Beispiele:
Reinhard Oehlschlägel veröffentlichte in der »Frankfurter Rundschau« vom 1. Juli 1972 eine Rezension über die Uraufführung meines Stückes »Exotica« bei der Ausstellung »Weltkulturen und Moderne Kunst« in München am 23. Juni 1972. Eine negative Kritik war zu erwarten, aber die Argumente für das Zurechtfrisieren meiner Absichten holte sich Oehlschlägel aus der alten Kiste mit dem Etikett »Frei Erfundenes«. Ich zitiere:

> »Die Dias von Zoltan Nagy rücken den Zuschauer ganz dicht an die exotischen Instrumente heran und zeigen ihm die europäischen Musiker in Großaufnahmen. Den Komponisten mit grün-roter Gesichtsbemalung und nacktem Oberkörper. Den Posaunisten Vinko Globokar in schwarze Felle gehüllt, eine schwarze Pelzmütze vor dem Gesicht. Den Schlagzeuger Christoph Caskel mit rosarot-blauer Gesichtsbemalung und einer schwarzen Perücke, so daß seine Physiognomie nicht mehr wiederzuerkennen ist – oder wurde er bei den Aufnahmen unzulänglich gedoubelt? Den Gitarristen Theodor Ross als kreidebleichen Medizinmann in weißem Kittel. Den Cellisten Siegfried Palm als schlitzäugigen Dunkelmann. Den Gitarristen Wilhelm Bruck als Exzentrikclown im Rollkragenpulli. Und den Klarinettisten Michel Portal nur mit einer schwarzen zotteligen Perücke bekleidet und mit weißen Linien auf Gesicht und nacktem Körper: eine Mischung aus Amazonas-Indianer und Urwald-Neger.«

Es ist hier die Rede von rund 2000 Farbdiaprojektionen,

die, gleichzeitig mit der Tonbandwiedergabe des Stückes, im Veranstaltungstrakt der Ausstellung den musikalischen Ablauf täglich visualisierten. Aber: *Oehlschlägel hat diese Diapositive nicht gesehen, da die audio-visuelle Fassung erst am 4. Juli begann (also drei Tage nach Veröffentlichung seines Berichts). Keines der Bilder zeigte einen Ausführenden mit bemaltem Gesicht.* Im Gegenteil. Sinn der Diapositivprojektionen war, so deutlich wie möglich die mehr als 120 verwendeten Instrumente und die europäisierte Spielart der Interpreten zu zeigen (da eine authentische Spielart anzustreben exotischer Nonsens gewesen wäre).
Wenn man in derselben Rezension liest, »daß der positiv ontisch getönte Ansatz von Kagels Begegnungsideologie bis in die kleinsten Fasern des Stücks reicht« und »(dem) Materialfetischisten Kagel sind andere Völker und Kulturen bloßes Material, das er sich aus Völkerkundemuseen und Archiven holt, ohne nach ökonomischer und politischer Herkunft, Basis und Ideologie solcher Institutionen zu fragen«, dann kann man wohl verstehen, warum Oehlschlägel log. Jede Verfälschung, wie die oben angeführte, würde meinen »Bewußtseinsstand, in dem die Begriffe Imperialismus und Solidarisierung gleichsam exotische Fremdwörter sind«, bestätigen. Allerdings dienten die von Oehlschlägel zitierten Aufnahmen zur Illustration der DGG-*Schallplatte*, und der Einführungstext gab dazu eindeutige Hinweise über die Entstehung der Komposition, Verwendung der Instrumente und über die dialektische Nachahmung Asiens durch Europa *und* umgekehrt. Auch hier zitierte Oehlschlägel falsch, manipulierte den Originaltext. Es paßte ihm nicht, wie ich es meinte. Ich schrieb:

> »Es war immer mein Wunsch, ein Stück zu komponieren, dessen wesentliche Bedingung für die Mitwirkenden darin bestünde, jeweils nicht das Instrument zu spielen, auf

dem sie jahrelang trainiert haben, sondern nur eines, das sie nicht beherrschen. Mit einem großen Orchester würde die Durchführung dieses Prinzips unvorstellbare Klangzustände hervorrufen. Ein gut Teil der auf Anhieb produzierten Unvollkommenheit könnte Neuer Musik in vollendeter Interpretation ähnlich werden; der andere Teil wiederum würde das fachliche Können der Mitwirkenden so in Frage stellen, daß jene aus Entsetzen und Freude tatsächlich Musik erfinden würden. Sicher wären Musiker weißer Hautfarbe mit diesem Stück nicht glücklich. Aber andere?«

Daraus zitiert Oehlschlägel *nur den vorletzten Satz* und zwar so entstellt (»Sicher wären Musiker weißer Hautfarbe mit diesem Stück nicht zufrieden.«), daß man glauben muß, das Zitat sei expressis verbis auf »Exotica« gemünzt. Aus dem Text geht aber klar hervor, daß meine Gedanken um die allgemeine Idee eines solchen Stückes kreisten. Oehlschlägel manipuliert meine ursprüngliche Absicht, indem er anschließend die Schallplatteneinführung zerstückelt zitiert:

»Die Tatsache, daß weiße Musiker spielten, repräsentiert einen Kerngedanken der Komposition . . .«

Damit ist der Salto mortale gelungen. Der Leser glaubt jetzt, ich hätte einen wesentlichen Ausgangspunkt des Stückes verraten, um die Aufführung zu ermöglichen. Oehlschlägel hat eine *allgemeine* und eine *spezifische* Bemerkung collagiert. Der ursprüngliche Sinnzusammenhang ist auseinandergerissen, die Doppelzüngigkeit bewiesen.

Im Laufe der Zeit habe ich lesen können, wie sich Art und Grad meiner »Regression« für diese Presse, wie sie Oehlschlägel repräsentiert, steigerte und verästelte. Den bürgerlichen Stalinisten würde es passen (H.-K. Jungheinrich in

HiFi-Stereophonie 1/73: ». . . krasser imperialistischer Absichten«), daß ich baldigst als »imperialistischer Agent« des Landes verwiesen würde. Linkssein als Erwerb verdirbt. Es schleicht sich eine zwingende déformation professionelle ein, die verpflichtet, im pathetischen »Im-Namen-des-Volkes«-Ton zu schreiben, ohne zu merken, wie dieser Stil jenen trostlosen Beispielen ähnelt, die Joseph Wulf in seinem Buch »Musik im Dritten Reich« anführt. Die Adjektiva, die Wulf analysiert, treten in den heutigen Musikkritiken zwar verwandelt, aber auffallend häufig auf. Und wenn ich an Wulfs Feststellung »ein trauriges Kapitel deutscher Musik, . . . Karrierismus, Intrige, Dummheit und Servilität . . .« denke und sie mit der strammen – aber wenn nötig auch flexiblen – Frömmigkeit heutiger Publizisten vergleiche, dann wird mir klar, wie solche politischen Monstrositäten auf kulturellem Gebiet in der unmittelbaren Vergangenheit konkret werden konnten.

Aus pseudo-politischen, pseudo-ästhetischen, pseudo-gesellschaftskritischen Gründen entwickelt sich eine seltsame Unfähigkeit, kritisch zu urteilen. Man schreibt nun pseudokritisch. Der *tägliche* moralische Anspruch beim Veröffentlichen – das, was man beruflich »ethisches Gänsehautmachen« nennen könnte – macht linke Federn nach einiger Zeit korrupt. Diese Korruption äußert sich ähnlich wie das Angstmachen in der Bild-Zeitung. Rechtsdenken und mediengerechtes Linksschreiben ist keine Neuerscheinung. Die Macht des Mediums Presse oder Rundfunk ist am besten in der Wirkung von gezielten Schlampereien zu studieren, weil die Begriffe, die zur Charakterisierung von »regressiv« und »progressiv« verwendet werden, frappierend ähnlich sind.

Ein perfektes Beispiel bietet der Kommentar von Dr. Monika Lichtenfeld im Deutschlandfunk vom 15. Mai 1972 anläßlich der Uraufführung von »Programm« am 12. Mai 1972 in Köln. Ich zitiere:

> »Und schließlich war – als Anspielung auf die aktuelle Situation – das Barzel-Zitat ›So nicht‹ zur kabarettistischen Ergötzung miteingebaut worden. Man weiß ja schließlich, was man einem erlauchten Auditorium von eingeweihten Intellektuellen schuldig ist.«

Dieses angebliche Barzel-Zitat ist ein Teil des Textes meiner »Gegenstimmen« für gemischten Chor und obligates Cembalo, deren vervielfältigte Partitur bereits *Mitte Februar 1972* bei der Musikabteilung des WDR in Köln vorlag. Barzel sprach sein »So nicht« im Bundestag gegen *Ende Februar 1972.* Zu diesem Zeitpunkt konnte man das vollständige Stimmenmaterial des Werkes – wie es in Köln interpretiert wurde – bereits erhalten. Der Chor begann einige Tage später zu proben, und es ist nachweisbar, daß ich keine Änderung – in dem von Lichtenfeld vorgeworfenen Sinne – vorgenommen hatte.

Diffamierende Information und Musik-*Wissenschaft* vertragen sich schlecht. Das mindeste, was ich von einem Musikwissenschaftler erwarte, ist die Durchführung genauer Recherchen. Ein Blick in die Partitur oder eine Anfrage beim WDR über das Eingangsdatum derselben hätten genügt, um eine ungehörige Behauptung, deren Ursprung nicht erforscht wurde, zu unterlassen. Diese Anspielung auf meine angebliche Ausbeutung tagespolitischer Parolen ist stellvertretend für die Art, wie in diesem Bericht Falsches für Richtiges steht.

Die charakteristische Verfälschung, die Kriminalistik auf der Basis von frei erfundenen Tatsachen ist auch stellvertretend für die publizistische Tätigkeit des Rundfunkredak-

teurs Oehlschlägel im Deutschlandfunk.
Auf meinen Hinweis, diese und andere Fakten des Berichtes von Lichtenfeld seien objektiv unhaltbar, antwortete Oehlschlägel, daß er »keine Zensur oder Vorzensur betreibe«. Das ist wahrhaftig eine eigenartige Betrachtung von Stichhaltigkeit. Als verantwortlicher Redakteur ist Oehlschlägel schließlich verpflichtet, Informationen, die gesendet werden sollen, entweder zu prüfen – und dementsprechend anzunehmen oder abzulehnen –, oder auf den subjektiven Charakter der Nachricht vor der Sendung hinzuweisen. Wird dagegen eine dokumentarische Recherche nicht durchgeführt, weil man die Meinung eines Rezensenten grundsätzlich für unfehlbar hält, dann gerät der unmittelbare Sinn einer Prüfung der Fakten zu einer bestechlichen – weil freundschaftlich verbundenen und damit schlampigen – Publizistik.
Der gleiche Bericht von Lichtenfeld erschien in der Nummer V (Sept./Okt. 1972) der Zeitschrift »Melos«. Typisch für den gestörten Umgang mit Gedrucktem ist die Tatsache, daß lediglich der von mir inkriminierte Satz über das angebliche Zitat der Barzel-Worte, in dem der Beweis meines »politischen Opportunismus« kulminierte, entfernt wurde. Alles übrige dagegen ist *wörtlich übernommen* worden. Die Mündigkeit des Lesers wurde so durch eine einfache Streichung ohne Veränderung der ideologischen Substanz amputiert.
Die Geschichte zeigt, daß sogar politische Naivität erlernbar ist. Aber dummdreister Umgang mit der betrüblichen Macht der Informationsmedien darf keine Frage von Veranlagung oder Begabung sein.

Sich gegen Verleumdung zu wehren, kann zur Lebensaufgabe werden, um so mehr, wenn man – wie in meinem Fall – ständig neuen publizistischen Stoff liefert, der – ästhetisch –

an der Grenze zum Unmöglichen oszilliert. Ich habe aber in Zukunft nicht vor, meine Zeit mit Polemiken zu vergeuden; wie in den ersten fünfzehn Jahren meines Europa-Aufenthalts werde ich meine Kraft anderen, produktiveren Zielen widmen. Einiges habe ich mir jedoch in dieser Zeit abgewöhnt, zum Beispiel mit Musikern über Musik zu sprechen. Oder an die mir eingepaukten musikgeschichtlichen Zusammenhänge zu glauben (unbekanntere zu erspüren, wurde so zu meiner Leidenschaft). Oder daran zu zweifeln, daß es wesentliche Unterschiede zwischen politischen und religiösen Dogmen gibt. (»Religiöser« Marxismus als theologischer Ersatz scheint leider ein Teil der »konkreten« Utopie zu sein.) Oder mich vom Autoritären im Anti-Autoritären einschüchtern zu lassen.

Ein gutes Beispiel dieser Weigerung ist mein Kompositionsseminar während der Internationalen Ferienkurse in Darmstadt 1972. Einige der bundesdeutschen Teilnehmer versuchten durch gezielte Fragen eine Umfunktionierung des Kursthemas, das Bau und Möglichkeiten experimenteller Klangerzeuger – exemplifiziert an »Acustica« – gewidmet war. Nach kurzer Zeit mündete das Gespräch in pseudo-politischen Leerlauf. Ich machte dann auf die *internationale* Zusammensetzung des Teilnehmerkreises aufmerksam und auf die Tatsache, daß allein 50 Studierende aus einem sozialistischen Ostblockstaat anwesend waren, die nur unter größten Schwierigkeiten die erforderliche Ausreiseerlaubnis erhalten hatten. Diese Teilnehmer, sagte ich, sind nach Darmstadt gekommen, um Neues über Musiktheorie und ihre Praxis zu erfahren, und nicht, um politische Gemeinplätze zu hören. Würde man die betonte Internationalität der Ferienkurse nicht respektieren und die Gastgeberrolle und Überzahl dazu verwenden, angekündigte Seminarthemen nach Willkür der deutschen Kommilitonen zu ändern, dann wären zu allererst die ursprünglichen Interessen ausländischer Teilnehmer verletzt. Deshalb schlug ich vor, ein offenes Gespräch über Fragen der kulturellen Strategie und Musikpolitik in Anschluß an meinen Kurs abzuhalten. Obwohl eine Umfunktionierung meines Seminars appetitlicher schien, wurde mein Vorschlag akzeptiert, und man setzte sich zwei- oder dreimal zusammen. Am dankbarsten waren die Studierenden des Ostens: der Zwang zur (passiven) Teilnahme an einer »politischen« Diskussion wäre für sie Grund genug gewesen, vorzeitig abzureisen. Zum Abschied sagte mir einer dieser Studenten: »Ihr lebt ideologisch davon, nicht bei uns zu leben.«

Als Komponist ist mir verständlicherweise eine Rekapitulation lieber als eine Kapitulation. So finde ich es beruhigend, zu wissen, daß für die nächsten fünf, zehn oder . . . Jahre alle Rezensionen über meine Arbeit, die von der gleichen Seite kommen, von der gleichen Sorte sein werden. Dies ist beruhigend, weil ich unangenehme Überraschungen – in Form positiver Beurteilung – kaum erwarten darf. Damit habe ich einen ehrenvollen Frieden erreicht: den Frieden der Gewißheit. (Freilich gehöre ich zu den wenigen, die sich diesen Luxus leisten können. Viele meiner Kollegen wagen nicht, aus Angst vor dem Meinungsterror, den Mund zu öffnen.) Rückwärts gewandt, vorwärts gesinnt? Vorwärts gewandt, rückwärts gesinnt?

»Alle Menschen *waren* Brüder«, pflegte ich als Kind zu singen. Um so mehr freue ich mich, lange genug gelebt zu haben, um die kuriosesten Revirements in der ideologischen Einschätzung von Komponisten beobachten zu können. Als Siebzehnjähriger hörte ich mit offenem Mund die südamerikanischen Stalinisten sagen, daß alle Komponisten, die nicht *in der Sowjetunion* für das Proletariat schaffen, bourgeois

und dekadent sind. Leider habe ich sie nach dem triumphalen Empfang Strawinskis in Moskau nicht mehr sprechen können.
Das Begriffsreservoir ideologischer Einschätzung scheint einer unermüdlichen Ausdehnung und Schrumpfung ausgesetzt zu sein. Die Tatsache, daß eine dialektische Anwendung der *Undialektik* vieles positiv darstellen läßt, um es bald darauf ins Gegenteil umzukehren, hat mich immer erschreckt. Im Vokabular vieler sich progressiv gebärdender Kritiker heißt dies *Dialektik.* Adorno hat leider einiges beigetragen, damit unmarxistische Intellektuelle sich das Flair des Kritisch-theoretisch-Seins leichter aneignen konnten. Bereits 1960 begann Adornos Interesse an der *neuen* Musik mangels erlebter Information zu erlahmen. Er wußte dies, durfte es aber aus vielen Gründen nicht preisgeben. Anläßlich seines Besuches in Köln 1964 sprachen wir über Strawinski. Auch Adorno hatte eine Revision seines Urteils eingeleitet (oder war sogar schon nahe daran, sie zu verkünden) und bedauerte die Härte, mit der er in der »Philosophie der Neuen Musik« den russischen Komponisten angegriffen hatte. Ich fragte ihn, ob seine Meinung sich ändern würde, wenn Strawinski *keine* serielle Musik komponiert hätte. Er schwieg. Dann sagte er nein. Dann sagte er jein. »Aber ein serieller Strawinski *heute*«, meinte ich, »ist potenzierter Neoklassizismus.« Es war gerade diese regressive Dimension des Strawinskischen Oeuvres, die damals die Untersuchung von Adorno eingeleitet hatte.

Man wirft Komponisten häufig vor, künstliche Paradiese zu schaffen, und vergißt dabei, daß Musik insgesamt ein künstliches Paradies ist. Falsch aber wäre, zu glauben, daß der Mut, den man braucht, um auf musikalischem Gebiet etwas

zu verändern ohne zu zerstören, eines stumpfen Bleistifts bedarf.
Oft habe ich mit einem Messer komponiert, um zu erfahren, daß ich nicht der Gesellschaft im allgemeinen verpflichtet bin, sondern nur jenen Erscheinungen der Musikgesellschaft, die meinen Anstoß brauchen, auch wenn er nicht willkommen ist. Musik vermag den Menschen sicherlich nicht besser zu machen (eher das Gegenteil dürfte der Fall sein). Aber, um die Musik nach links zu »verbessern«, ist ein neo-stalinistischer Pressestil das denkbar ungeeignetste Mittel. Sogar gleichgeschaltete Hexenverfolgungen werden heute anders geführt.
Ähnlich wie der Unterschied zwischen akustischem Spielzeug und Musikinstrument vorwiegend ein ideologischer sein kann, so ist die Wirklichkeit kein Schwarzweißbild, das auf ein farbiges Paradies hoffen läßt. Daher macht die Art, wie »Progressive« sich mit Holzhammermethoden wehren, all jene, die es wagen, zu opponieren, zu Personen mit einem »gesellschaftskritisch kranken« Bewußtsein. Es ist wie außerhalb der Nervenklinik: Je mehr die Gesunden ihr Nichtkranksein betonen, desto lauter lachen die Wächter. Die unselige Mischung von »richtiger« Ideologie und pathetischer, aber falscher Auskunft schafft unbrauchbare Aufklärung. Daraus kann nur das Gewerbe des linken Konformismus Profit schlagen. Links?

Weihnachten 1973

Analyse des Analysierens

Deux dangers ne cessent de menacer le monde: l'ordre et le désordre.
Paul Valéry, »Crise de l'Esprit«

1

Die Deutung der Musik stellt Probleme, deren Gegensätzlichkeit beinahe etwas Quälendes an sich hat. Ein Musikstück ist ein Versuch zu etwas Einzigartigem, es gibt sich als ein Ganzes, als ein Absolutes, gehört aber gleichzeitig in ein System komplexer Beziehungen. Die Menschen, die sich um die Deutung eines Musikstücks bemühen, tun dies nach den Bedürfnissen ihrer Natur und der Besonderheit der eigenen Forschungen. So wuchert um das Musikstück eine üppige Vegetation, mit der die Exegeten (also nicht die Ausführenden) manchmal in so hohem Maße umgeben sind, daß die Musik uns oft ganz entzogen wird. Und doch liegt in der Eigenart der Musik, viele Deutungsmöglichkeiten in sich aufnehmen zu können, ein Beweis für die stete Gegenwart des Vergangenen. Dort, wo die Deutung eines Stückes in Wirklichkeit die Paraphrase eines anderen Stückes ist, oder dort, wo die Untersuchung dazu dient, die Rechtfertigung einer Theorie vorzubereiten, kann man diese Vielfalt an Interpretationen und Bedeutungen bestätigen.

2

Würde man die musikalische Analyse mit den gleichen Mitteln analysieren, mit denen sie heutzutage operiert, dann könnte man eine Untersuchung kaum wagen. Denn das, was wir häufig Analyse nennen, ist die Mischung einer umfangreichen Liste von Komponenten, in der der gesunde und der ungesunde Menschenverstand Wichtiges zu sagen haben. Es ist schwer, eine Situation zu verurteilen, an welcher man persönlich beteiligt ist. Deshalb muß ich das Mißverständnis forträumen, daß es sich hier um eine Kritik im Stil »alle-anderen-sind-gemeint, nur-ich-nicht« handelt. Keiner und wir alle sind hier gemeint, weil der Drang, Musiktheoretisches zu formulieren, uns alle ergriffen hat. Methodik, Beschreibung von technischen Verfahren, einfache Numerologie, objektivierte Interpretation persönlichster Wahrnehmungsmomente gelten heute ebensosehr wie das subjektive Erleben von Dauer, die poetische Vorstellung des Raumes oder die Erschließung einer utopischen Gedankenwelt.
Vorweg: jene besondere Form musiktheoretischer Analysen, um deretwillen diese Untersuchung gemacht wurde, wird hauptsächlich von Komponisten *für* Komponisten bzw. für Kompositionsstudenten geschrieben. Diese Analysen interessieren mich vor allem, weil darin oft eine aparte Ersatzform des Komponierens zu entdecken ist, in der alles, was nicht gehört werden kann, Platz findet.

3

Vielleicht sollten wir zuerst Hörbarkeit definieren, und zwar als die Klangwahrnehmung, welche die organisierten Prozesse der Komposition aufzunehmen vermag. So erhält

Hörbarkeit einen Sinn, der sich von dem gewöhnlichen wohl unterscheidet, zugleich jedoch ein akustisches Phänomen betrifft, weil die Beziehungen des Vergangenen zum Folgenden berücksichtigt werden. Musikalische Methodik ist gewissermaßen eine »öffentliche« Disziplin, die nicht einen der logischen Materialorganisation untergeordneten Platz einnimmt und deshalb verheimlicht werden muß.

Wenn wir die Hinweise von Komponisten über die Art, wie ihre Stücke gehört werden sollen, beachten, werden wir versuchen, ihre Gedanken gleichsam mit ihnen akustisch wiederaufzubauen. Das heißt zugleich: wir werden sowohl ihre hörbaren wie auch ihre latent hörbaren, musiktheoretischen Ideen *analysieren.*

Wiederaufbau wird zu einem der Grundprinzipien des Hörens dort, wo keine besondere Organisation sich bemerkbar macht, oder dort, wo man durch besondere rhythmische und melodische Periodizitäten eine strukturelle Einstellung beim Hören einzunehmen pflegt. Diesen Prozeß kennen wir von der Sprache her, wo zunächst jedes einzelne Wort eine Bedeutung hat, dessen Verhältnis aber zu dem, was damit gemeint ist, durch eine syntaktische Beziehung hergestellt werden muß. Ähnlich ist die Syntax des Hörens durch eine ständige Herstellung musikalischer Beziehungen charakterisiert, und der Sinn dessen, was man hört, ist nicht von einem beschreibbaren »Verständnis« abhängig, sondern von der individuellen, ganz privaten Bestimmung der Zusammenhänge. Diese Definition kann aber in vielen Fällen unbequem sein. (Das gilt vornehmlich für Kompositionen serieller Faktur, die sich beim Hörer um einen sauber geordneten, pädagogisch-seriösen Eindruck bemühen.)

4

Die methodische Differenzierung des akustischen Vorgangs führt zuerst zu einer visuell wahrnehmbaren Ordnung, deren Beziehung zu einer hörbaren Ordnung nicht unbedingt auf der Grundlage von Übereinstimmungen basiert. Je didaktischer die Kompositionsmethode ist – oder besser, je bewußter das Didaktische einer Kompositionsmethode angewandt wird –, um so schwieriger ist zu unterscheiden, wo die Lehre des Komponisten aufhört (etwa: »wie-man-es-zusammensetzt-und-hören-*soll*«) und wo der Hörer auf pädagogische Hinweise verzichten kann. Man hat häufig den Eindruck, der Komponist zwingt sich – oder fühlt sich verpflichtet? –, verschiedene, nicht immer kongruente Aufgaben zu erfüllen. Das Hören kann mit einer Erwartungsform verglichen werden, die gleichzeitig Vergangenheit, Gegenwart und Zukunft einschließt. (Der Hörer jedoch wird dies nicht ständig nachvollziehen, weil er in der Regel diskontinuierlich zuhört.) Und trotzdem werden wir dazu verführt, den Begriff Kompositionstechnik mit dem Begriff Kompositionsanalyse zu verbinden. In vielen analytischen Texten, die in den letzten Jahren entstanden sind, kann die virtuelle Identifikation beider Begriffe leicht festgestellt werden.

5

Das Wort Technik beinhaltet verschiedene Bedeutungen: Man kann die Technik als lebendige Handhabung oder risikoloses Werkzeug, aber auch als Mittel zur Verwandlung der musikalischen Sprache betrachten. Die Beobachtung der Erscheinungen im kompositionstechnischen Bereich erfordert die gleichzeitige Auseinandersetzung mit dem technischen Wunschdenken des Komponisten sowie mit einer – gewissermaßen – unkontrollierbaren Sachlichkeit. Es ist das Ziel von Physikern und Biologen, in ihren Untersuchungen die Technik der Natur durch Verfahren zu rekonstruieren, deren Kontrolle das Experiment erlaubt (also keine beschreibend passive, sondern eine aktive Kontrolle). Für die musikalische Analyse gibt es eine solche Kontrolle nicht, weil das Experiment häufig im Notentext oder in dessen Realisation vollzogen ist: das analytische Studium mündet dann in passive Beobachtung. Würde Technik als System betrachtet und als solches in aller Konsequenz dargestellt, so könnten wir vielleicht die Möglichkeit gewinnen, Zusammenhänge zu erfassen, deren Bedeutung über konkrete musiktheoretische Erkenntnisse hinausgeht.

6

Zitat:

> »Der letzte Satz des Werkes ist in 6 Gruppenverbände gegliedert. Diese enthalten insgesamt 47 Gruppen, auf die einzelnen Verbände folgendermaßen verteilt: 8,12,5,5,9,8 Gruppen. Das anschließende Schema soll zunächst die Eigenschaft der 1. Gruppe zeigen.
> Tonanzahl: 4
> Intervalle: kleine Sekunde, große Septime, kleine Sext
> Zeitwerte: (in Viertel) 4,1,1,4
> Einsatzabstände: (in Viertel) 3,1,1
> Pausenwerte zwischen den Gruppen: (in Achtelpausen) 1
> Tonformen: portato, legato, portato
> Intensitäten: piano
> Die Summe der Töne in den ersten 3 Gruppen ergibt eine Zwölftonreihe mit 6 verschiedenen Intervallen: kleine Sekunde, große Sekunde, kleine Terz, große Terz, Quarte (Intervall vom zwölften zum ersten Ton der Grundreihe und zum ersten Ton der anschließenden Reihe) und Tritonus. Kleine Terz, Quarte und Tritonus kommen je einmal vor, die große

Sekunde zweimal, die große Terz dreimal und die kleine Sekunde viermal.

Zusammengefaßt ergibt sich für den ersten Gruppenverband (Gruppe I bis VIII):

Eine Reihe von 4 verschiedenen Tonsummen pro Gruppe: 3,4,5,6
Eine Reihe von 4 verschiedenen Zeitwerten in Vierteln: 1,2,3,4
Eine Reihe von 4 verschiedenen Werten der Einsatzabstände in Vierteln: 0,1,2,3
Eine Reihe von 4 verschiedenen Pausenwerten zwischen den Gruppen in Vierteln: 0,1,2,3,
Eine Reihe von 4 verschiedenen Tonformen: staccato, sforzato, legato, portato, staccato
Eine Reihe von 4 verschiedenen Intervallsummen in der Reihe: 1,2,3,4
Eine Reihe von 6 verschiedenen Intervallen in der Reihe: kleine Sekunde, große Sekunde, kleine Terz, große Terz, Quarte, Tritonus.
Eine Reihe von 12 verschiedenen Tönen.

All das läßt uns einen Zusammenhang empfinden. Wir hören die verschiedenen Strukturen unter dem einheitlichen Aspekt der Ordnungszahl 4 und jede Gruppe mit allen anderen durch gemeinsame Zeichen verbunden.«*

Und so weiter.

Gemeint sind hier die Variationen für Klavier op. 27 von Anton Webern.

In jenem Augenblick, in dem das Geschriebene sich mit seiner akustischen Realisation nicht in Einklang bringen läßt, scheint es zweckmäßig, die Verwendung des Begriffes Analyse zu überdenken.

* Aus »Weberns Variationen für Klavier, 3. Satz«. In: Armin Klammer, »die Reihe« 2. Wien 1955 (gekürzt)

7

Für die Analyse im herkömmlichen Sinne, also satztechnische, psychologische oder Ausdrucksanalyse, gab es keine Trennung zwischen Geschriebenem und Gehörtem. Nach adäquatem Training war der Leser einer Partitur imstande, diese zu »hören«; das Lesen der Musik – ohnehin eine analytische Beschäftigung – war die organische Ergänzung zum akustischen Vorgang. Um zu erklären, wie ein bestimmtes musikalisches Ereignis gehört werden sollte, müßte bei einer satztechnischen, psychologischen Ausdrucksanalyse gezeigt werden, warum der Vorgang vorkommt, welche vorhergehenden Ereignisse diesen notwendig oder zweckmäßig machten und warum seine Funktion durch spätere Ereignisse gerechtfertigt werden könnte. Mit anderen Worten: die musikalische Analyse lehrte bisher die Anwendung einer Logik, welche auf Stilerfahrungen basierte.

Das Musikstück müßte wie eine organische, zeitliche Einheit begriffen werden, aber als eine Einheit, die nur allmählich wahrnehmbar ist, wie ein Moment, der in einen anderen fließt und somit zur Vorwärtsbewegung und zu dem totalen Effekt beiträgt. Das, was öfters auf eine musikalische Logik bezogen wurde, war die bloße Feststellung, daß jeder Vorgang zum vorherigen und nachfolgenden in Beziehung stand. Die Aufgabe der Analyse war, diese Beziehungen deutlich ins Bewußtsein des Hörers bzw. des Lesers zu bringen – Beziehungen, die ohnehin bei einer guten Aufführung deutlich gehört werden sollten. Beschreibungen, welche sich auf eine umständliche Darstellung dessen, »was passiert«, beschränkten, könnten die Frage, »warum-diese-Beziehungen-stattfinden«, nicht beantworten.

8

Eine Untersuchung der musikalischen Analyse müßte eigentlich mit einer sprachlichen Analyse beginnen. Wir benutzen fast ausschließlich Metaphern für die Begriffe Dauer, Intensität und Tendenz. Als solche dienen die Ausdrücke für räumliche Ausdehnung, also Größe, Anzahl, Position, Gestalt und Bewegung. Wir drücken die Dauer durch Worte wie »lang, kurz, groß, viel, schnell, langsam« usw. aus. Für Intensität haben wir »stark, groß, viel, schwer, leicht, hoch, niedrig, scharf, schwach« usw. und für die Tendenz »mehr, schwer, leicht, hoch, niedrig, scharf, schwach« usw. Es sind meistens Metaphern, die wir kaum mehr als solche auffassen, da sie praktisch die einzigen sprachlichen Mittel sind, die wir zur Hand haben. Die nicht-metaphorischen Termini auf diesem Gebiet, wie »früh, spät, bald, dauernd, intensiv, sehr«, bilden nur eine kleine Gruppe und genügen den Bedürfnissen keineswegs«.*

Nach Benjamin Lee Whorfs handelt es sich hier »um die Verräumlichung von Qualitäten und Möglichkeiten, die (soweit uns die räumlich wahrnehmenden Sinne vermelden) durchaus unräumlich sind. Die dingliche Bedeutung der Substantive greift von physischen Körpern auf Gegenstände und Begriffe gänzlich anderer Art über.« Die Schemata der Bezeichnung und des Zählens dehnen sich auf musikalische (und auch nicht-musikalische) Symbole mit unräumlicher Bedeutung aus »und suggerieren uns so einen *imaginären Raum*«. Physische Gestalten »bewegen sich, halten an, steigen, sinken, nähern sich« usw. im wahrgenommenen Raum; akustische Ereignisse tun dasselbe in unserem musikalischen Vorstellungsraum.

* Benjamin Lee Whorfs, Sprache, Denken, Wirklichkeit. Hamburg 1963.

Auch Synästhesien, »Verknüpfungen von Reizen eines Sinnes mit Vorstellungen eines anderen, z. B. optische Reize mit akustischen Vorstellungen oder umgekehrt« werden absichtlich durch Sprachmetaphern umschrieben, in welchen räumliche Termini für unräumliche Erfahrungen vorkommen. Und abschließend meint Whorfs: »Indem unser metaphorisches System unräumliche Erfahrungen nach räumlichen benennt, schreibt es Tönen, Geräuschen, Geschmack, Gefühlen und Gedanken Eigenschaften wie Farben, Helligkeiten, Gestalten, Abschattungen, Materialqualitäten und Bewegungen zu, die doch eigentlich nur bei räumlich Erfahrenem auftreten. Bis zu einem gewissen Grade gibt es auch die umgekehrte Übertragung. Wenn man dauernd von Tönen als hoch, tief, scharf, stumpf, schwer, funkelnd, langsam, usw. spricht, dann fällt es leicht, auch bei Faktoren der räumlichen Erfahrung Analogien zu den akustischen Eigenschaften zu finden.«

9

Es ist ein deutlicher Zug der heutigen Musik, bewußt mit Synästhesien zu spielen. Die Analyse dieser Musik wird auch von einem metaphorischen Vokabular infiziert; räumliche Ausdrücke werden für Unräumliches so häufig verwendet wie wissenschaftliche Ausdrücke für Unwissenschaftliches. Musikalische Analyse und Musiktheorie werden auf diese Weise zum Ausdruck von Gedanken gebraucht, die man unter anderem »neo-technologisch«, »neo-phänomenologisch«, »neo-philosophisch«, «neo-mystisch«, »neo-gehörpsychologisch«, «neo-gestalttheoretisch«, »neo-ideologisch«, »neo-informationstheoretisch« nennen könnte. Mit anderen Worten: die musikalische Analyse verwandelt sich zu einer Art »Neo-Literatur«, in welcher Tatsachen und Hypothesen schwer zu unterscheiden sind. Es entstehen *musiktheoretische Dichtungen.*

> »Äußere Zeit, Anschauungszeit, automatische Zeit, besiegte Zeit, Doppelzeit, energetische Zeit, Entzeitlichung, Feldzeit, genuin zeitlich, gute Zeit, heterogene Zeit, homogene Zeit, Kontaktzeit, kreisende Zeit, leere Zeit.«*

Marion Rothärmel hat in ihrer Dissertation mehr als 429 zeitbezogene Termini aufgezählt, welche aus der untersuchten Literatur, die sie als Grundlage ihrer Arbeit verwendete, zitiert wurden. Alle Termini sind in einer alphabetischen Tabelle angeordnet. Zum Beispiel:

> »Zeitachse, Zeitagens, Zeitangst, Zeitatom, Zeitauffassung, zeitbeherrscht, Zeitbetontheit, Zeitcharakter, Zeitentrücktheit, Zeiterfassungsmittel, zeitfrei, Zeitgefühl, Zeitgeräusch, Zeitgewicht, Zeitgliederungserlebnis, zeitlicher Umstand, zeitliches Nacheinander, zeitlich Verschwundenes, zeitlich-Zeitliches, Zeitnotation, Zeitphasenlänge, Zeitpräokkupation, Zeitpunkt, Zeitverhülltes, Zeitverschwendung, Zeitvertreib, Zwischenzeit.«

Der statistische Wert der Tabelle liegt in der Möglichkeit, Aufschlüsse durch den Vergleich der Anwendung alter und neuer Zeitdeutungen seit der Mitte des vorigen Jahrhunderts zu ermitteln. Die Betrachtung der Zeit als Phänomen der Musik beschränkt sich bis 1850 auf Fragen von Rhythmus und Tempo (etwa 48 Termini). Ab Hauptmann – wo Zeit unter dem Aspekt der Meßbarkeit betrachtet wird – steigt die Zahl auf 133 Termini. Schließlich kommen mit der Formulierung von Theorien, »in welchen die musikalische Zeit hinsichtlich des Erlebens beleuchtet wird«, 250 neue Termini hinzu.

* Marion Rothärmel, Der musikalische Zeitbegriff seit Moritz Hauptmann. Diss. Regensburg 1963.

Die Tabelle ist in vieler Hinsicht interessant. Eine rasche Lektüre aller Begriffe verbreitet eine Spannung, die mit jener eines Kriminalromans verglichen werden kann – nur mit dem Unterschied, daß am Ende die Tat nicht vollständig aufgeklärt wird. Die Lust am Erfinden weiterer Termini oder die schon angeführten zu kombinieren und permutieren, ist fast unvermeidbar. Sicher ist dieses Zeit-Denken eine Zeit-Erscheinung, die jeden Begriff mit dem Phänomen Zeit terminologisch zu verbinden gestattet, aber zugleich bestätigt, daß »Zeit« ein zentrales Thema von musikpoetischen Formulierungen geworden ist. Metachronismen?

Das Schreiben hat sicherlich zu unserer sprachlichen Behandlung der Zeit beigetragen, wie auch umgekehrt diese zum Gebrauch von jener. Analogerweise hat die Einführung einer mensurierten Notation die kompositorische Behandlung der Zeit beeinflußt. Daß die musikalische Analyse sich immer mehr zu einer zählenden und messenden Betätigung entwickelt hat, könnte auch als Zeichen einer selbstverständlichen Anpassung bewertet werden.

10

Informationstheoretische Analysen musikalischer Strukturen haben gezeigt, daß im Laufe des 19. Jahrhunderts die Chromatik stark zugenommen hat.

Das erinnert mich an jenen Oberst Kraus aus »Die Abenteuer des braven Soldaten Schwejk«, der lauter selbstverständliche Dinge zu sagen pflegte, wobei er unaufhörlich fragte, ob die Bedeutung des Wortes bekannt sei: »Ein Buch, meine Herren, sind mehrere geschnittene Papierblätter von gleichem Format, die bedruckt und zusammengestellt, gebunden und mit Leim zusammengeklebt sind. Jawohl. Wissen Sie, meine Herren, was Leim ist? Leim ist ein Klebemittel.«

Man kann mit statistischen Diagrammen *jeden* Verlauf veranschaulichen. So wurden bereits die Häufigkeitsverteilung von Tonhöhen in Beethovens Streichquartett Es-Dur in der Stimme der 1. Violine mit der Stimme der 1. Violine in Weberns Streichtrio verglichen. Es stellte sich heraus, daß bei Webern die Gleichverteilung der Tonhöhen wesentlich größer ist als bei Beethoven. Daher kann man jetzt mit Sicherheit behaupten: »daß eine Zwölftonreihe das Beispiel einer gleichwahrscheinlichen Verteilung darstellt; dagegen ist ein tonaler Satz von ungleicher Häufigkeit, denn er weist größere Häufungen in den Notenwerten der Tonalität auf, das Maximum in der Prim bzw. im Dreiklang.«*

So wie die Tonhöhe werden auch andere musikalische Parameter behandelt. Zum Beispiel die Frequenzverteilung von Intervallen konsekutiver Töne. Man kann auch hier gegenüber Beethoven eine gleichmäßigere Verteilung bei Webern merken. Es ist jedoch für Komponisten und Interpreten zugleich peinlich und verwirrend, wenn ein Informationstheoretiker in der gleichmäßigen Verteilung der Intervalle bei Webern »einen höheren Informationsinhalt« oder »eine kompliziertere Struktur« als bei Beethoven sieht. Intervallbewertungen sind Auffassungssache; eine Statistik der Intervalle wird vornehmlich die Tonhöhenstatistik stützen, unter Umständen wird auch ein Stilwandel ersichtlich. Eine weitere Begriffsverwirrung ist dadurch entstanden, daß leichte Musik zu ähnlichen statistischen Ergebnissen führen kann wie eine Beethoven-Symphonie.

Genausooft wie die Informationstheorie in der kurzen Zeit

* Fritz Winkel, Informationstheoretische Analysen musikalischer Strukturen. In: Die Musikforschung. Kassel, Januar 1964.

ihres Bestehens mißverstanden und mißbraucht worden ist, hat man die Möglichkeit ihrer Anwendung überschätzt. Merkwürdigerweise ist keine ernstzunehmende Arbeit auf dem Gebiet der musikalischen Semiologie vorhanden, bei welcher Informationstheorie und Semiotik angewandt worden wären. Eine Untersuchung der herkömmlichen und neuesten Notationsformen auf diesen analytischen Grundlagen würde eine spezifische, authentischere Verwendung am ehesten rechtfertigen. Die mathematische Betrachtung hat in der Musikgeschichte stets eine große Rolle gespielt, wenngleich man über einfache numerische Beziehungen kaum jemals beträchtlich hinausgekommen ist. Erst in den vergangenen Jahrzehnten hat man bemerkt, »daß im Transformationsprozeß des peripheren Hörens (Psychoakustik) Verzerrungen stattfinden, die die gefundenen Zahlenproportionen zum großen Teil ad absurdum führen und Harmoniebegriffe ins Wanken brachten«.* Unter diesem Gesichtspunkt ist die Einführung der Wahrscheinlichkeitsrechnung und der Informationstheorie zur mathematischen und psychoakustischen Analyse der Musik ein wichtiges Ereignis; für die kompositionstechnische Analyse dagegen ist sie von relativer Bedeutung. Als bestes Beispiel könnte das befristete technische Schicksal von statistischen Kompositionsmethoden gelten. Als eines der prägnantesten Verfahren in den 50er Jahren eingeführt, ist die statistische Bestimmung eines musikalischen Verlaufs für die Anordnung von Tonhöhen und Lautstärken, Ton- und Abschnittdauern, Klangfarbeveränderungen, Formartikulation, Verbindungen, Beziehungen und Zusammenhängen aller Art zu nennen.

* Winkel, a. a. O.

11

Kommt in einem neuen Musikstück letzteren Datums ein statistisch komponierter Abschnitt vor, dann sind die Absichten des Autors im allgemeinen so überdeutlich, daß ein aufmerksames Hören unnötig erscheint.

Wichtige Kennzeichen: größtmögliche Dichte, durch die Mitwirkung aller im Stück verfügbaren Instrumente oder Stimmen hervorgerufen, die mehr oder weniger alle solistische Aufgaben zur gleichen Zeit haben. Beginnt der Abschnitt fortissimo, dann ist man fast sicher, daß zunächst eine unmerkliche, später eine klar spürbare Abdämpfung eintritt, so daß am Schluß des Decrescendos gleich der nächste Abschnitt erwartet werden darf. Ist Unruhe nur im tiefen Register am Anfang des Abschnitts wahrnehmbar, dann kann man ein allmähliches Erreichen höherer Frequenzen erwarten. Die kurzen Übergänge zwischen den Abschnitten sind bloß Täuschungsmanöver (weil das Denken in Sektionen im allgemeinen verachtet wird). Das Statistische einer Methode zwingt den Komponisten zur Verwendung von akustischen Hinweisen, die wie Verkehrsschilder fast immer Einbahncharakter haben. Hier zeigt sich eine dubiose Verwandtschaft zwischen statistischer Komposition und statistischer Information: die Ergebnisse dürfen nur eindeutig sein. Diese Eindeutigkeit zwingt sich in gleicher Weise der Analyse auf, wie sie sich in der Materialbehandlung manifestiert. Die Überreste statistischer Kompositionsmethoden werden dadurch heute immer schematischer, sie werden deutlicher hörbar und zu einer primitiveren Anpassung gedrängt. So tritt neben eine didaktische Transparenz der kompositorischen Absicht ein gewisser Infantilismus bei der Darstellung von gerichteten Formverläufen. Obwohl die technische Virtuosität zur Komposition und Notation solcher Vorgänge immer perfekter wird – und zugleich glatter, unproblematischer –, sollte man ruhig auf einen »Zustand des technischen Rückstands« hinweisen.

12

Überblickt man die Musikgeschichte informationstheoretisch, so kann man die Werke verschiedener Epochen bestimmten Ordnungsgraden zuordnen. In der gegenwärtigen Zeit dürfte die äußerste Grenze zwischen den Ordnungsgraden 0 und 1 bzw. zwischen idealer Unordnung und vollkommener Ordnung liegen. Wird ein Informationstheoretiker gefragt, welche Art von Musik heute am ehesten die ideale Unordnung repräsentiert, dann wird er die Beispiele von stochastischer Musik und Zwölftonreihe anführen (!), denn »nur der ›stochastische Kompositionsprozeß‹ läßt sich durch Wahrscheinlichkeitsgesetze regeln. Was sich im überlieferten Kompositionsvorgang aus Ansicht, Notwendigkeit und Zufall bildet, hat sich hier (in einem stochastischen Prozeß nämlich) in Richtung des reinen Zufalls verschoben.«*
Hört man aber stochastische Musik, dann ist kein hörbarer Zufall spürbar. Wir können hier am leichtesten feststellen, wie wenig die wissenschaftliche Definition des Zufalls mit dem heute praktizierten Zufall in der Komposition übereinstimmt. Der Unterschied ist im ästhetischen Moment verborgen. Wenn der Zufall sich tatsächlich während einer Aufführung kundtut, dann wird er kein »reiner« – im Sinne der Wahrscheinlichkeitsgesetze –, sondern eher ein undurchsichtiger Zufall sein. Und trotzdem ist ein seriell fri-

* Winkel, a. a. O.

sierter oder ein stochastisch organisierter Zufall reine Pyrotechnik. Der französische Ausdruck »corriger la fortune« ist dann angebracht; er wird für Falschspieler verwendet.

13

Die Thesen, die ich im voraus kommentiert habe, sind folgende:

1. Die Vorbereitung zur Komposition hat den Skizzencharakter verloren und ist bereits mit dem Charakter der nachträglichen Analyse belastet. Damit wird das Werk die Verwirklichung der vorangegangenen Analyse. Analysen solcher Stücke verwirklichen selten die theoretische Vorbereitung, weil die Zerlegung der Komposition bereits stattgefunden hat. In diesem Falle ist keine Analyse, sondern nur eine Beschreibung möglich. Diese These ist *besonders* auf die total determinierte serielle Musik zu applizieren.

2. Analyse und Komposition sind voneinander untrennbar, indem die Kompositionsmethode bereits analytischer Natur ist: beide ergänzen einander. In diesem Fall ist zu fragen, ob sich die Analyse oder die Komposition erübrigt. Der Eindruck ist der einer primitiven Synthese, weil die verwendeten Kompositionsmethoden stark tendenziös sind. Diese These ist besonders auf die *total determinierte* serielle Musik zu applizieren.

3. Kompositionen, die den Zufall einbeziehen, sind offensichtlich nicht analysierbar, sondern der ersten und zweiten These zufolge nur beschreibbar. (Diese dritte These ist besonders auf die total determinierte *serielle* Mu-

sik zu applizieren!) Das Partiturbild entspricht nicht dem Gehörten. Deshalb nehmen hier die Spielanweisungen und Erläuterungsnotizen den Platz ein, welcher ursprünglich auch der Analyse zukam: eine Interpretationshilfe für den Ausführenden.

4. Analyse als Kompositionsersatz: die Musiktheorie dient zur Darstellung von Werken, die zwar in Klang umgesetzt werden können, aber in der akustischen Realisation ihre spezifische Bedeutung verlieren. Die Kompositionsmethode hat deshalb keine akustische Relevanz, kann nicht durch bloßes Hören wahrgenommen werden. Diese vierte These ist insbesondere auf die total determinierte serielle Musik zu applizieren.

5. Analyse als musiktheoretische Beschäftigung zur Dokumentation von Ideen, die zum Gebiet der Zukunftsvoraussage gehören (Technik der Prognose, auch Prognostik genannt). Hier wären die gesamten sprachlichen Elemente, vermöge derer die musikalische Analyse ihren Beitrag zur Entwicklung der pseudotechnologischen Dichtung geleistet hat, einzubeziehen. Diese fünfte These gilt also nicht nur speziell für die total determinierte serielle Musik, sondern für alle Kompositionen, die sich mit dem Desiderat des »Richtungsweisenden«, des »Wegweisenden« auseinandersetzen.

Juni/Juli 1964

Avantgarde und Akademie

Würde die Kalender-Zeit dem musikgeschichtlichen Zeitablauf entsprechen, dann könnte man das Kompositionsjahr 1964 mit 1937 vergleichen: jeweils zwei Jahrzehnte wären seit Beendigung eines Weltkrieges vergangen. Gewiß würde man sich im allgemeinen gegen einen solchen Vergleich sträuben, weil der Glaube an die Vitalität (an den Reichtum, die Vielfalt etc.) des heutigen Komponierens stärker sein dürfte als die Begeisterung für die besonders unattraktiven Jahre unmittelbar vor dem Zweiten Weltkrieg. Und trotzdem scheinen einige Aspekte der gegenwärtigen Situation gemeinsame Züge zu haben mit jenem, von akademischer Starrheit und Langeweile gekennzeichneten Zeitpunkt.
Wir stehen den Kulturpessimisten fern, die die meisten Erneuerungen der 50er Jahre als bereits überholt betrachten (weil in den 20er Jahren alles schon einmal vorhanden war) und welche im Einsatz anderer Kompositions- (und Dekompositions-)Methoden als der vor 30 Jahren verwendeten die sicheren Zeichen einer tiefgreifenden Krise der Musiksprache ersehen. Ich will versuchen, die leichte Versteinerung der allerneuesten Musik begreiflich zu machen, muß aber vorweg bitten, diesen Versuch als eine Art intim-öffentliches Geständnis wahrzunehmen. Es ist selbstverständlich, daß meine Gedanken über die Verstopfungsschwierigkeiten der Komposition im Jahre 1964 nicht die offiziöse bzw. die offizielle Meinung aller »repräsentativen« Komponisten von heute wiedergibt.
Die Notwendigkeit einer radikalen Revision der Vorstellungen, Mythen und allgemeingültigen Begriffe, die sich im Laufe der letzten 15 Jahre angesammelt haben, ist unum-

gänglich. Damit soll die bereits (zu eilig) festgelegte Musikgeschichte nicht nur revidiert, sondern auch durch andere als die schon gewohnten Richtlinien »aktualisiert« werden. Die musikgeschichtliche Beschleunigung unserer Epoche zwingt uns gerade zu einer steten Erforschung der heutigen Denkverfahren, Kompositionsmethoden, Arten der Klangerzeugung und Formen der Konzertpraxis. Der Erfolg oder Mißerfolg einiger Musikwerke kann nicht als Maßstab gelten, besonders dann nicht, wenn diese meist zufälligen Erfolge oder Mißerfolge als Beispiel für die Modellhaftigkeit einer Methode oder Logik, für die Desorganisation oder Alogik des Komponierens gehalten werden. Man hat leider heute die verschiedensten Musikauffassungen so künstlich verhärtet wie es vor 40 Jahren der Fall war. Damals geschah dies mit neoklassizistischem Nationalismus einerseits, andererseits mit dem Neoklassizismus und dem Atonalismus bzw. der Dodekaphonie. Meiner Auffassung nach hat das allgemein gebräuchliche Rüstzeug an musikgeschichtlichen Begriffen in der ersten Hälfte des Jahrhunderts die Komposition der Stücke beeinflußt (also nicht umgekehrt), weil sich die Komponisten sehr gerne und schnell mit dem Begriff »Schule« identifizierten, auch wenn eine allzu leichte Identifikation bzw. Typifizierung nicht in ihrem Sinne war.
Heutzutage müssen wir uns mit allen Kräften gegen die Auswirkungen einer solchen Schablonisierung des Musikmachens wehren, eben wegen dieser negativen Beeinflussung der »Fronten und Schulen« auf das musikalische Denken. Eine voreilige Anordnung in rechts oder links, in fortschrittliche oder regressive, in zukunftsbildende oder gegenwartsbildende Komponisten würde die Möglichkeit verringern, eine andere Musik als die zu diesen Richtungen passende wahrzunehmen. Die Zeit eilt zu sehr, um sich entwe-

der die Rolle eines (Musik-)Propheten anzueignen oder um sich für die immer wieder falsch verstandene Tradition gegen alle anderen zu wenden. Unser geistiges Repertoire muß erneuert werden, so wie es zum Beispiel in der Wissenschaft der Fall ist. Dort werden auf einigen Gebieten die wichtigsten Prinzipien durch ununterbrochene Forschung ständig in Frage gestellt, so daß der Begriff »ein-für-allemal-Gelerntes« völlig aufgehoben wird.

Eine Zusammenfassung ergibt folgende Punkte:

1. Einige der prägnantesten Kompositionsmethoden der 50er Jahre werden immer schematischer verwendet, das heißt, sie werden allzu deutlich hörbar und somit zu einer primitiven Anpassung forciert. So tritt neben eine didaktische Transparenz der Materialbehandlung eine naive Anwendung der erprobten Mittel. Die Veranschaulichung von Kompositionsmethoden, die dem Hörer am besten verborgen bleiben sollte, wird durch eine immer glattere (auf Hochglanz polierte) technische Virtuosität unterstützt. Diese Erfindungsabnahme mit gleichzeitiger Ausbeutung des angesammelten Rüstzeugs könnte man als »Zustand des technischen Rückstandes« bezeichnen.

2. Sowohl die meisten Komponisten, die unter dem sentimentalen Werbeslogan »in der Nachfolge Anton Weberns« eingestuft wurden, wie die Nachfolger anderer Richtungen sind Kompositionslehrer oder wollen es gerne sein. Meistens ist diese Tätigkeit identisch mit dem Lehren eigener (oft persönlichster) Kompositionsverfahren und dem Analysieren eigener Werke. Damit werden zwei eigenartige Merkmale dieses Unterrichts deutlich:

a) Die Werke des Lehrers müssen für pädagogische Zwecke geeignet sein oder einen pädagogischen Inhalt aufweisen, der jede weitere mündliche (bzw. schriftliche)

Abhandlung und Überlieferung ermöglicht. Die Musikstücke erhalten somit den Charakter von Kompositionsmodellen oder die pädagogische Patina eines Stils.
b) Die Schüler werden zur Nachahmung des Stils ihres Meisters animiert oder zur Verwendung von Kompositionsklischees ermuntert, die durch »la maniera« des Lehrers geprägt sind. Einer der wichtigsten Aspekte des Unterrichts ist die (bewußte) Beeinflussung durch die Kompositionsprinzipien des Lehrers, der durch die Werke seiner Schüler die Stichhaltigkeit seines Stils beweisen kann. Nicht zuletzt schaffen die Komponisten-Lehrer Epigonen, welche die Allgemeingültigkeit der gelehrten Methode vor der Öffentlichkeit demonstrieren. Je mehr Epigonen desto besser für die musikgeschichtliche Einschätzung des Lehrers.

Ich bitte, meinen Standpunkt zu der Werbekampagne der Kompositionslehrer möglichst unpathetisch zu verstehen. Die Komponisten der noch genannten »jungen Generation« – also zwischen 30 und 40 Jahren – sind die Erben einer erschreckend totalitären Einstellung: sie brauchen Proselyten. In der ersten Hälfte dieses Jahrhunderts ist die Lehrtätigkeit und musiktheoretische Beschäftigung Hindemiths und Schönbergs ein typisches Beispiel. Während Hindemith im buchstäblichen Sinne die Eigenarten einer persönlichen Sprache seiner Schüler tötete und ihre Phantasie durch die Verwendung seiner theoretischen Beschränkungen eindämmte, schuf Schönberg – nicht so sehr durch seine Werke als vielmehr durch die prophetische Dimension seines musiktheoretischen Denkens – die Voraussetzungen für eine »Schönbergschule«. (Strawinski brauchte nicht selbst zu lehren, his master's voice wurde früh genug von anderen Stimmen propagiert.)

3. Der Verbrauch von Gebrauchsmusik ist so enorm gestiegen, daß Werke, die nicht zum Unterhaltungsgenre gehören, ebenfalls die Merkmale eines seriösen Entertainments tragen und somit die Basis zur weiteren Verwendung im industriellen Entertainment liefern.
Wirklich neue musikalische Ideen werden heute viel schneller verbraucht als je zuvor. Die wesentlichen Gründe dafür sind bekannt – rascheste Verbreitung durch Schallplatten und Rundfunk. Musik wird mehr als früher »akustisch« wahrgenommen; die genaue Kenntnis eines Stückes ist freilich schwerer als ehemals. Die Komponisten liefern entweder indirekt die Klang- oder Arbeitsmodelle für eine »praktische« Anwendung oder betätigen sich direkt auf dem Markt des Musikverbrauchs.
Die elektronische und konkrete Musik ist ein glänzendes Beispiel hierfür. Ein Katalog von Effekten und Klangmontagen wird für Hörspiele, Dokumentarfilme, Bühnenmusik, Balletts und »Zukunftsballetts«, Bilderausstellungen, »Spectacles de son et lumière« und übrige Anlässe fabriziert.
Was sich zuerst in das akustische Bewußtsein des anonymen Hörers einprägt, sind diese elektrokonkretisierten Klang/Geräusch-Kulissen. Können die technische Entwicklung und musikalische Erfindung mit dem Massenverbrauch Schritt halten, so wäre die Verarmung bzw. die Verkitschung von Werken, die mit ernsten Absichten und auf elektro-akustischem Wege entstehen, nicht so groß. Wir sehen hier auch die Zeichen eines »industriellen Akademismus«, dessen Voraussetzungen bis tief in den 20er Jahren wurzeln.
Aber nie zuvor wurde die Verwendung eines so ähnlichen Materials für ernste und nicht ernste Musik so gefördert wie heute, wo der Apparat zur Verbreitung zeitgenössi-

scher Musik unaufhörlich neue Werke verlangt. Rundfunkinstitute, Konzertreihen und Festivals begünstigen einen Stil, der »akademische Unterhaltungsmusik« genannt werden könnte.

Durch die Formulierung dieser drei Punkte habe ich versucht, eine Diskussionsbasis zu schaffen. Die Knappheit dieser Einleitung soll zu einem ausführlichen, offenen Gespräch ermuntern.
Ich glaube, daß Alarm geschlagen werden muß, um uns alle vor der naiven Begeisterung zu beschützen, die in den eigenen Werken nur die »Avantgarde« zu sehen vermag und die alles Akademische wohl übersieht.

Juni 1964

Fünf Antworten

1. Frage: Kann man heute von einer postseriellen Phase der Neuen Musik sprechen, und was verstehen Sie unter diesem Begriff?

Kagel: Es ist heute zu spät, um von einer »postseriellen Phase« der Neuen Musik zu sprechen, da mehr als 10 Jahre vergangen sind, seit die Reihe als generatives Element der musikalischen Komposition ihren Höhepunkt und gleichzeitigen Ausklang gefunden hat. Und trotzdem scheint mir überflüssig, für den raschen Wechsel an stilistischen Merkmalen immer neue Schlagworte zu suchen, um die kompositorischen Tendenzen in klar definierten Epochen und Perioden abzugrenzen. Heute dürfte ein unterschwelliger Eklektizismus wesentlicher Ausgangspunkt sein (aber auch dann wäre es nicht erstrebenswert, von einer »panstilistischen« oder eklektischen Phase zu sprechen).

2. Frage: Ist das Modewort »Nostalgie« sinnvoll auf die jüngste Entwicklung anzuwenden, und sehen Sie Anzeichen für eine Rückwendung zur Tonalität?

Kagel: Modeworte sind wie Schlagbäume – verhängnisvoll. Meistens gebraucht man sie, wenn eine klar wahrnehmbare Entwicklung bereits im Abklingen ist oder deren Anfang weit zurück liegt. Schon 1963, in den vier Melodramen von »Phonophonie«, die das Porträt eines Sängers aus dem vorigen Jahrhundert im Zustand stimmlicher Dekadenz zum Thema haben, habe ich eine systematische Auseinandersetzung mit vergangenen Gedanken und Sehnsüchten versucht. Darin sah ich keineswegs einen Hang zur Nostalgie, sondern genau das Gegenteil: die Bewußtmachung des für mich immer noch nicht zu Ende verstandenen 19. Jahrhunderts.

Die gegenwärtige, partielle Rückwendung zur Tonalität ist nicht unbedingt nostalgiebezogen. So meinte ich Ende der 50er Jahre – auf dem Höhepunkt des Webern-Kultes –, daß die jungen Komponisten, die auf meine Generation folgen werden, als notwendige Trotzreaktion und zur Erschließung »unverbrauchten« Materials tonale Musik neuerer Art komponieren würden. Dies ist seit Mitte der 60er Jahre in zahlreichen Fällen bestätigt und auch paradoxerweise von Komponisten meines Jahrgangs mitinitiiert worden. Allerdings ist »Tonalität« nicht der genaue Terminus für die Verwendung einer Harmonik, die nicht auf der Gleichberechtigung von zwölf aufeinanderbezogenen Tönen basiert. Ähnlich wie in der seriellen Phase, wo kleine und große Sekunden, Septimen und Nonen bevorzugt wurden, sind heute andere Intervallkombinationen vorrangig, welche den Eindruck einer (Schein-)Tonalität erwecken können, weil Terzen, Quinten und Sexten häufiger vorkommen als früher.

Meine Komposition »Abend« für Doppelvokalquartett, Posaunenquintett, elektrische Orgel und Klavier, 1971 geschrieben, dürfte ein plastisches Beispiel sein. Ausgangspunkt war die Idee, daß die »vagierenden Akkorde«, die Schönberg stark beschäftigten (und deren vortreffliche Bezeichnung er erfand), in einen Zustand der vollkommenen tonalen Unbestimmtheit geführt werden könnten, wenn *nur* Septimakkorde (Doppelvokalquartett), Nonenakkorde (Posaunenquintett), Undezimakkorde (elektrische Orgel) und Tredezimakkorde (Klavier) verwendet würden. Daß dieses harmonische Material von der Unterhaltungsmusik teilweise usurpiert worden ist, störte mich nicht im geringsten. Die Traumschlösser der Entspannung, die solche Akkorde in Aussicht stellen, verfallen hier ihrer eigenen Mehrdeutigkeit. Durch die ausschließliche Verwendung von Akkorden, die auf kleinen und großen Terzen aufbauen, wird jeglicher Referenzpunkt zu einer stabilisierten Tonalität aufgehoben. Unsere Vorstellung von Tonalität bedarf fortwährender Revision. Komponisten wie Janáček zum Beispiel, die eine eigentümliche Idee von der Rolle der harmonischen Funktionen hatten und dadurch eine »tonalitätsgestörte« Tonalität entwickelten, blieben außerhalb eines geläufigen musikhistorischen Bewußtseins.

3. Frage: Wo sehen Sie Grenzen, Schwierigkeiten oder nicht ausgeschöpfte Möglichkeiten einer Popularisierung Neuer Musik?

Kagel: Sicherlich liegen die Grenzen der angestrebten Popularisierung von Neuer Musik in der Schwierigkeit einer *echten* Verbreitung von Musik überhaupt. Ich mache keinen Unterschied mehr zwischen »neu« und »nicht neu«, weil ich überzeugt bin, daß das Hinzugewinnen neuer Hörerschichten nur mit Hilfe der gesamten Möglichkeiten von Musik erfolgen kann. Es wäre unklug, eine Spezialisierung anzustreben für ein solches Spezialgebiet wie die Neue Musik es ist. Eine der schwierigsten Fragen, die zu lösen sind, ist die überlieferte Realisationsform des Begriffs »Konzert«. Gegen dieses Ritual bloß zu kämpfen, bleibt ein naives Unterfangen, weil Menschen immer wieder die Notwendigkeit spüren, sich zusammenzufinden, um Musik gemeinsam zu hören. Wenn man aus der Sicht einer falsch verstandenen Progressivität die Grenzen der Interaktion zwischen Musiker und Publikum gewaltsam aufzuheben versucht, weil an-

geblich den Interpreten als Produzenten der aktive und dem Zuhörer als Konsumenten der passive Part zukommt, dann erlebt man Peinliches und oft einen unbefriedigenden Rollentausch.
Es kann gar nicht darum gehen, die Notwendigkeit eines zunächst einseitigen Informationsflusses (die öffentliche Übergabe von Musik für eine versammelte Zuhörerschaft) ideologisch zu belasten. Nicht die Lehre vom Konzert ist zu verdammen, sondern seine verkrustete Ontologie. Die Tatsache, daß Menschen von der Musik unaufhörlich Gebrauch machen – auch ohne manche ihrer komplexen akustischen Verläufe nachvollziehen zu können –, sollte für eine systematische Bewußtwerdung der gedanklichen Möglichkeiten beim Hören *jedweder* Musik berücksichtigt werden. Dafür ist zum Beispiel eine umfassende Information durch Wort beim Konzert notwendig. Aus Erfahrung weiß ich, wie dankbar Hörer sind, wenn man sie durch Musik gedanklich animiert, um sie im Anschluß daran zum Ergreifen des Wortes aufzufordern. Die Vorstellung, daß Konzerte ausschließlich der akustischen Erfahrung gewidmet sein müssen, wird zunehmend reine Illusion; die Ausnahmen bestätigen hier bei weitem die Regel.

4. Frage: Kann die Neue Musik als Mittel politischer oder gesellschaftlicher Veränderungen dienen?

Kagel: Ich muß immer wieder lächeln, wenn man glaubt und ohne Zögern verkündet, daß Neue Musik zur *wirklichen* Veränderung unseres Gesellschaftssystems beitragen kann. Aber: Warum immer wieder von Neuer statt von Musik überhaupt sprechen? Das, was man durch lebendige Darstellung der musikalischen Vergangenheit nicht erreicht hat, kann man heute ebenfalls nicht durch die neueste Musik bewirken. Die blanke Übertragung von progressivem Gedankengut aus Gebieten der Soziologie und Kulturphilosophie auf die Ästhetik führt oft zu einer ästhetisierenden Politologie (und in den meisten Fällen zu unscharfen Rückschlüssen). Nichts dürfte schrecklicher sein als eine Pseudoveränderung.

Merkwürdigerweise sind es nicht die Komponisten, die die meisten modischen Vokabeln in den Mund nehmen, sondern jene Kritiker, die über ein solches gesellschaftliches Engagement zu schreiben wünschen (weil dies die Ware ist, die sie absetzen). Feuilletonistische Revolutionäre hat es immer gegeben. Heute jedoch scheint mir die Ohnmacht der Worte ein zu offensichtliches Machtmittel zu sein. Als Bürger sind wir alle zur politischen Wachsamkeit verpflichtet, damit jede Möglichkeit einer gesellschaftlichen Veränderung ausgeschöpft werden kann. Zugleich dient diese Wachsamkeit dazu, daß Veränderungen, die im Zuge einer *vermeintlichen* Besserung eintreten sollen, verhindert werden. Die Musikwelt und die ihr zugeordnete kritische Dimension in der Publizistik ist von manchem verhinderten Sozialarbeiter bevölkert. Je ungestillter die Sehnsucht nach einer tatsächlichen Hilfe, desto heftiger wird oft die Identifikation mit einer Rolle, die unbewußt dem Rattenfänger von Hameln nachempfunden zu sein scheint.

5. Frage: Wie beurteilen Sie unter den vorgenannten Aspekten den kompositorischen Nachwuchs, und welche Konsequenzen ziehen Sie daraus für die Veranstaltung von Kursen Neuer Musik?

Kagel: Die jüngeren Komponisten haben andere Fragen, als meine Generation im gleichen Alter zu haben pflegte. Und das ist gut so, weil ein Beharren auf ähnlicher Problematik ein tristes Symptom des Stillstandes wäre. Nach dem Zweiten Weltkrieg gehörte es fast zum Handwerk des Komponierens, Unerhörtes in ständiger Abwechslung zu bieten. Wesentlicher Nachteil dabei: eine oft oberflächliche Verwirklichung von Detailfragen, die intensivere Bearbeitung verdient hätten. Aber merkwürdigerweise wurde ein Kokettieren mit dem ständig Neuen vielfach von jenen gefördert, die mittlerweile der häufigen Abwechslung überdrüssig geworden sind. In Zeiten steter Unruhe soll nicht gerade die Originalität bestraft werden, sondern eher die Repression, die einen »progressiven« Akademismus heraufbeschwören kann. Die jüngeren Komponisten sind vielfach mit Problemen konfrontiert, die weniger die Formulierung eines neuen Musikstils betreffen als dessen Stellenwert in einer viel zu starren Musikgesellschaft. Der Sinn des Musikmachens darf heute eher als früher in Frage gestellt werden, weil die Institutionen, die für den bürgerlichen Musikkonsum entwickelt worden sind, aufgrund der verwandelten Gesellschaft nicht mehr zeitgemäß, adäquat sind. Aber nicht der ideologische Überbau dieser Institutionen, sondern die Tatsache einer Verwandlung der ökonomischen Bedingungen läßt die Strukturen wackeln. Komponist sein, ist eine freiwillige Entscheidung, die dem Wunsch entspricht, mit *eigener* Stimme zu sprechen. Bedarf jedoch diese Stimme ständig eines fremden Sprachrohrs in Form von institutionalisiertem Musikleben, dann darf man Komponisten den Wunsch nicht übelnehmen, aktiv in der Gestaltung der Produktions- und Distributionsmittel zu sein. Die weit verbreitete Ansicht, die jungen Komponisten hätten viel weniger zu sagen als ihre älteren Kollegen, ist falsch, wenn sich diese Folgerung aus der Sicht der konventionellen Bewertung von Werken ergibt. Die Skepsis am System bei den jüngeren Komponisten strebt nicht so sehr neue Ausdrucksmöglich-

keiten in der Behandlung des musikalischen Materials als die Hervorbringung einer neuen Wertskala an.
Kurse für Neue Musik müssen diesem Umstand Rechnung tragen. So finde ich es unumgänglich, den jüngeren Kollegen eine aktive Teilnahme an der Planung und Verwirklichung von Seminaren und Konzerten zu ermöglichen. Wir dürfen niemals die Fehler unserer Vorgänger wiederholen, die mit althergebrachtem Mißtrauen unserem ebenfalls anerzogenen Mißtrauen begegneten. Unverständnis für die Nöte der jüngsten Musik scheint oft mit einer tieferen Feindseligkeit gegen das alles gepaart zu sein, was Zufriedenheit in Frage stellen könnte. Wollen wir auch hier weitere Mißverständnisse dulden?

Juli 1974

Ein widerspenstiger Abschied

Nachruf auf Alfred Feussner

Das plötzliche Ableben eines Menschen ist ein Unglück, das man immer wieder zu bezweifeln trachtet.
Der Nachricht, Alfred Feussner sei 35jährig aus dem Leben geschieden, scheint mir jede Glaubwürdigkeit zu fehlen. Dem Widerspruch zwischen seinem unermüdlichen Tun und diesem abrupten Ende stellt sich die Gewißheit gegenüber: er hat seinen Tod durchgesetzt.
Beinahe ein Jahrzehnt haben wir zusammengearbeitet. Wir scherzten oft über diese Tatsache, da er es in der Regel nicht länger als drei Spielzeiten bei einem regulären Theater aushielt. Er erwehrte sich jeder Tätigkeit, die seine erfinderische Freiheit bedrohte. Die Routine des Betriebs – des Bühnenbetriebs vor allem – verachtete er zutiefst; seine Begabung war zu vielseitig und erlaubte ihm nicht, sich hinter einer definierbaren Stellung zu verschanzen.
So wurde ich Zeuge und Mitschuldiger seiner systematischen Unrast. Die Voraussetzungen dafür waren günstig: er konnte sowohl Urheber wie Ausführender sein, sich in der Zeichensprache seiner handgemalten Filme ausdrücken oder die Rolle des »anderen« mimen – allerdings so, daß eine wesentliche Dimension seiner selbst deutlich wurde. Darsteller sein war für ihn eine konkrete Infragestellung, ein Spiel, das sowohl seine kritische Schau wie auch das fabulierende Reservoir seiner technischen Lösungen in Anspruch nehmen mußte. So hat er zum Beispiel kurz nach der Veröffentlichung von »The last tape« den Beckettschen Monolog auf Tonband gesprochen, in der Absicht, erst Jahrzehnte später von diesem eingefrorenen Requisit Gebrauch zu ma-

chen. Nur eine Potenzierung der Handlung schien ihm sinnvoll: der alte Mann auf der Bühne sollte *tatsächlich* seine junge Stimme hören.

In der Realisation meines instrumentalen Theaters spielte er nicht das Instrument, sondern das Theater. Als endgültige Herausforderung seiner Fähigkeiten begann ich ein Stück zu schreiben, in dem er Text, Aktion, Dekorationsverwandlungen, Beleuchtungsveränderungen und Manipulation des akustischen Verlaufs allein durchführen sollte. Sozusagen ein Einmann-»tease«, wo der Schauspieler, von keiner unsichtbaren Mitarbeiterschar gestützt, einen wortwörtlichen Soloauftritt mit allen sonst delegierten Verantwortungen übernimmt. Dies hätte in der uns vertrauten Kargheit zu geschehen, eine wohltemperierte Armut, die durch rigorose Beschränkung wanderndes Musiktheater ermöglicht.
Er akzeptierte meine an das Instrument Theater gestellten Forderungen in der Überzeugung, daß ein Schauspieler dem ihm gegebenen Material am besten gerecht wird, wenn er dieses dem Zuschauer mit einer latenten Negation weiterreicht.
Die Antipossen-Posse lag ihm nah. Feussner verstand als einer der ersten, daß ich kein totales Theater anstrebte (nicht nur wegen jenes Adjektivs, das mich an lauter kleine Theater-Goebbels erinnert), sondern vielmehr ein antitotales totales Theater. So nahm er die spezifische Mixed-media-Technik von »Sur Scène« – dessen Sprecherrolle, die den Anfang unserer Zusammenarbeit markiert, er unübertrefflich kreierte – als eine Selbstverständlichkeit hin.
Die anderen Aufgaben, die dicht hintereinander folgten, beanspruchten dann nicht nur den Darsteller Feussner: er

spielte »Antithese« auf der Bühne und im Film, wir schrieben aber das Drehbuch der filmischen Fassung zusammen, ebenso wie wir es später für »Solo« und »Duo« taten.
Für die Schlußsequenz von »Duo«, die in einem Kino stattfindet, wo Abschnitte aus »Solo« projiziert werden, gingen wir einen Schritt weiter in diesem Teamwork-in-Fortsetzungen. Während ich durch eine Montage mit Bild- und Musikfragmenten aus »Solo« einen neuen musikfilmischen Kontext komponierte, schuf Feussner eine Collage mit dem gleichen Material nach dem Prinzip eines wachsenden Angriffs auf den Bildstreifen selbst. Dadurch wurde die bildhafte Zuspitzung der Endsituation in »Duo« möglich, in der ein defekter Kinoprojektor – während er »Solo« projiziert – eine solche Destruktion des Filmes bewirkt, daß alle erkennbaren Zusammenhänge vom Zersetzungsprozeß attakkiert werden. Die Collage aus »Solo« für »Duo«, ein Exempel des künstlichen Eingriffs, wurde von Feussner so konzipiert, daß sie als selbständiger Film mit dem Titel »Perforation« gezeigt werden konnte.

In der Erfindung neuer Methoden der Bearbeitung bestehenden Materials zeigte er eine langatmige Phantasie. Bei der Montage von »Solo« goß ich versehentlich ein Glas Coca-Cola über eine Rolle Filmstreifen: die tragende Schicht ging in Fetzen. Während ich noch über die interessanten Auswirkungen dieses Getränks auf den Magen von Filmschaffenden dozierte, tauchte Feussner weitere Fragmente verschieden lang in die sprudelnde Lösung, um andere Vernichtungsgrade zu erzielen. Koffeinhaltiges Getränk als Entwickler paßte genau in seine Vorstellungen. Wir entdeckten, daß das Redigieren von Drehbüchern die intensivste Auseinandersetzung mit der Darstellung in ihren feinsten Nuancen ist, mit dem Erfolg, daß die gewöhnlich vorge-

sehenen heißen Proben im Studio nicht mehr notwendig wurden. Dies erlaubte uns, Filme von der Komplexität von »Antithese« und »Solo« in fünf oder wie »Duo« in acht Tagen zu drehen (daß ich nachher acht Wochen am Schneidetisch saß, mußte ebenfalls als ungewöhnliche Zeitspanne angesehen werden).
Bei den Dreharbeiten sprachen wir kaum miteinander. Wir verständigten uns in einer Sprache der Blicke und Gesten, die auf dem gemeinsamen Vokabular des gegenseitigen Vertrauens beruhte. Da ich manchmal wegen der Natur der Aktionen, die Feussner absolvieren mußte, ein schlechtes Gewissen hatte, versuchte ich, gefährliche Szenen so wenig wie möglich zu wiederholen. Einer seiner vorwurfsvollen Blicke genügte jedoch, ihn nochmals fliegen, fallen, sich den Nacken (durch einen echt angelegten Großbrand) leicht schmoren oder den Salto mortale (in unsportlicher Zeitlupe) ausführen zu lassen.
Mitleid konnte er nicht ertragen, da er an der Zweckmäßigkeit des zuvorkommenden Mitgefühls grundsätzlich zweifelte. Alle Reaktionen, die Menschen einander zeigen, um Empfindungen möglichst günstig zu frisieren, trafen ihn besonders schwer. Dafür hatte er das Gespür und die eingefleischte Skepsis des Darstellers. Das Theater färbt seine Akteure mit einem blassen Firnis aus Fatalismus und Argwohn. Das Schauspielern erfordert einen Glauben, der sich keiner gläubigen Formen bedienen kann.

Feussner war stets mit seinen unzureichenden Musikkenntnissen unzufrieden. Ich tat kaum etwas, um diesen Zustand zu verbessern, da es mir vorteilhaft erschien, ihn mit musikalischen Problemen zu konfrontieren, die mehr seine Intelligenz als irgendwelche fachlichen Kenntnisse beanspruchten. Seine Musikalität war eine eminent sprachliche, weniger eine klangliche. (Der Begriff des Unmusikalischen ist mit dem Odium des Nichtprofessionellen behaftet. Im Wort selbst weht ein leiser »Innungsgeist«, der das Anrecht jener unterdrücken möchte, die sich unmusikalisch-musikalisch betätigen. Die Unmusikalität in persona, die bei so vielen Berufsmusikern Vollkommenheit erlangt, wäre der Beweis für die – meiner Meinung nach – in jedem Menschen vorhandene Musikalität.)

In »Synchronstudie« – deren zentrale Idee die Aktion von Geräusch- und Filmsynchronisation in öffentlicher Darbietung ist, in einer Art, die die Unmöglichkeit des Verfahrens entlarvt – bat ich Feussner, die Rolle des Geräuschmachers zu übernehmen, eine Aufgabe, die nur mit musikalischer Intuition durchgeführt werden kann. Er hatte viele jener synthetischen Requisiten zu bedienen, über die der professionelle Geräuschmacher verfügt, wenn er reale Geräusche mit unrealen Mitteln nachzuahmen hat. Feussner zeigte hier auf unüberbietbare Weise, wie das Problem einer konsequenten klanglichen Täuschung, einer akustischen Lüge, die das Hörbewußtsein beim Sehen von Filmen ins kritische Bewußtsein bringen will, zu realisieren sei. Mit dem Instrumentarium, das ihm zur Verfügung stand, synchronisierte er tatsächlich mit so bohrender Akribie und eingeplantem Erfolg und Mißlingen, daß die industrielle Anfertigung von Begleit-»Musik« in ihrer ganzen Jämmerlichkeit klar wurde. Weil ich »Synchronstudie« nicht mit einem spezifischen Film verbinden wollte – da die These des Stückes auf jeden Film applizierbar ist –, sollte Feussner unabhängig von meiner Komposition eine eigene Produktion machen. Die gewohnte Trennung zwischen Komponisten und Filmemacher wurde von mir respektiert, um die Gültigkeit der Idee zu prüfen.

Sein Film »Takes«, der mit »Synchronstudie« uraufgeführt

wurde, vereinigt disparates Material zu einem beunruhigenden Dokument der visuellen Dekomposition. Mehr noch: hier ist ein Beitrag zur Enthüllung der Indifferenz und Bekämpfung unbefristeter Dummheit geleistet worden, der nicht verborgen bleiben dürfte.
Diese letzte Arbeit von Alfred Feussner wurde zugleich sein widerspenstiger Abschied.

August 1969

Beethovens Erbe ist die moralische Aufrüstung

Ein SPIEGEL-Gespräch

Spiegel: Herr Kagel, Ihr satirischer Film »Ludwig van« ist größtenteils als Anti-Beethoven-Film mißverstanden worden, aber er ist vielmehr eine Liebeserklärung an den Komponisten, wie Sie neulich zu verstehen gegeben haben. Was bedeutet Ihnen das Werk Beethovens?

Kagel: Es bedeutet mir so viel, daß ich beschloß, »Ludwig van« zu drehen und die Mißverständnisse in Kauf zu nehmen.

Spiegel: Wenn Sie die Auffassung teilen, daß man Musik in erster Linie nach ihrer geschichtsphilosophischen Position beurteilen sollte, welche Bedeutung hat dann das Werk Beethovens?

Kagel: Sicher hat es jene Bedeutung, die man an einer Kunst, die die Grenzen überlieferter Formen und Attitüden sprengt, messen kann. Diese Art, Musik zu konzipieren, stellte alles Vergangene in Frage. So bekam die Wiener Gesellschaft ihre beliebten Formen – wie Sonaten oder Klavierkonzerte – von Beethoven zu hören, jedoch die Rhetorik dieser Werke stimmte nicht mehr, und ein Teil dessen, was durch einfache Mißachtung der Konventionen zerstört wurde, machte Beethovens Musik wiederum so widerstandsfähig. Er bewirkte zunächst zweierlei: Mit der Vorstellung, daß ein Komponist seiner Umwelt nur Kurzweiliges schenken soll, wurde aufgeräumt, da Beethoven sich seiner außermusikalischen Probleme auch auf musikalische Weise entledigte. Ferner wurde der Entertainment-Charakter dieser Werke sehr fragwürdig, weil Unbequemes, für jene Zeit fast Unspielbares, den Genuß ständig trübte.

Spiegel: Können Sie vielleicht ein präzises Beispiel geben?

Kagel: Allein die Streichquartette und Klaviersonaten der letzten Periode würden die Bedingungen erfüllen, um diese These zu beweisen. Aber nehmen wir eine der geraden Symphonien, weil hier – ausgenommen die Sechste – ein niedriger Beliebtheitsgrad bei Publikum und Musikern sichtbar ist. Beispielsweise die Vierte. Ihre kompositorische Relevanz ist nicht so spektakulär wie die der Dritten oder Fünften. Wird jedoch das Adagio untersucht, dann ist der Nachdruck, mit dem der Begleitrhythmus des Themas dargestellt ist, jedenfalls typisch für die Beethovensche Verzerrung des Gewohnten.

Spiegel: Wegen des Aufbaus?

Kagel: Vor allem, weil die sechzehn Takte der Exposition auf einer rhythmischen Zelle basieren, die unsauberes Zusammenspiel sofort hörbar werden läßt, eine Zelle, die bereits den Orchestern des Barock zu schaffen machte. Die Gemütlichkeit, die sich mit der Melodie des langsamen Satzes anbahnt, ist hier bald verflogen.

Spiegel: Was macht Beethoven als Komponisten so hervorragend?

Kagel: Zunächst die Verbindung von Improvisation und Variation. Beethoven erlebte noch das Ende einer Musizierpraxis, welche ausschließlich für den gesellschaftlichen Verkehr erfunden wurde: die improvisierte Veränderung eines gegebenen oder selbstgestellten Themas. Auch wenn er bereits in frühen Werken die Virtuosität seines augenblicklichen Einfalls in die Komposition zu integrieren versucht – und das gelingt ihm fast vollkommen –, haftet seinem Werk eine Aura der gezielten Überraschung an.

Spiegel: Meinen Sie in der Wahl des Themas oder in der harmonischen Entwicklung?

Kagel: Ich meine eher in der Gesamtheit der kompositorischen Haltung. Die gezielte Überraschung ist hier eine für die Öffentlichkeit bestimmte, die seine intime Kenntnis der Salonmelomanen beweist. Beethoven tritt als Zwanzigjähriger in Wettkämpfen mit anderen bekannten Pianisten seiner Zeit auf. Es konnte nur jener gewinnen, der seine Musikalität und Phantasie mit neuen Stilelementen zu verbinden wußte.

Spiegel: Welche Rolle spielen dann die Skizzenbücher?

Kagel: Sie sind sozusagen ein Heilmittel. Einerseits dienen sie als Tagebuch des Konfliktes zwischen Spontaneität und Zwang, andererseits als musikalisches Konversationsheft für die zielbewußte Veränderung der Ideen. Aus den Skizzenbüchern ist ebenfalls ersichtlich, daß zur Vorarbeit die Bagatellisierung der technischen Unzulänglichkeiten der Instrumente gehörte. Und diese Eigenart sollte für den heutigen Komponisten richtungsweisend bleiben. Man kann dem technischen Fatalismus der Interpreten nur konstruktiv entgegenwirken, indem man ihn besonders stark mißdeutet. Aus dem Lamento »Mein Instrument schafft es nicht« wird dann: »Schade, daß mein Instrument es nicht schaffen kann«.

Spiegel: Sind wir angesichts des Kults, der in den letzten 130 Jahren mit Beethoven getrieben worden ist, überhaupt noch in der Lage, Beethovens Musik als Musik zu rezipieren? Ist ein Beethoven-Konzert nicht ein Ritual geworden?

Kagel: Herkömmliche Konzerte sind eher ein Ersatz des Rituals als das Ritual selber. Allerdings wird es im Falle Beethoven durch die moralisierende Veredelung unerträglich. Mit dem Motto »Er hat für uns gelitten, wir sind es seinem Werke schuldig« wird neotheologisches Gedankengut erzwungen; Beethovens Erbe ist die moralische Aufrüstung.

Spiegel: Was kann man nun machen, um den Ballast dieses Images abzuwerfen?

Kagel: Unseren Aggressionstrieb beschäftigen. Das 19. im 20. Jahrhundert kann man immer noch am wirksamsten bekämpfen, wenn die Aufklärung schon in der Schule beginnt. Nur die Lehrer müßten vorher aufgeklärt werden.

Spiegel: Die älteren Hörer bleiben aber im ungewissen.

Kagel: Für uns Erwachsene habe ich einen anderen Vorschlag. Beethoven wird eine Zeitlang nicht mehr aufgeführt, damit die Gehörnerven, die auf seine Musik reagieren, sich erholen können. Diese Lösung mag auf ähnliche Schwierigkeiten wie die Familienplanung in Indien stoßen, aber das Resultat würde sich lohnen. Erzählte man außerdem keine apokryphen Geschichten mehr, dann bestünde eine Chance, die jüngeren Hörer nicht zu infizieren.

Spiegel: Sie meinen also, daß der Abnutzungseffekt der Beethovenschen Musik heute schon so groß ist, daß man den Komponisten für die nächsten paar Jahre unter Denkmalschutz stellen sollte?

Kagel: Ja. Ich finde, wir tragen die Verantwortung dafür, die weitere Mißbildung der Hörbevölkerung zu verhindern. Deshalb sollten wir versuchen, das, was wir an literarischem Blech verschlingen mußten, so kraß abzuschütteln, daß man wieder Musik ohne literarischen Beigeschmack hören kann.

Spiegel: Wird Beethoven heute noch richtig gespielt?

Kagel: Vor allem Interpreten mit kritischem Bewußtsein versuchen, ihn richtig zu spielen. Nun stellt sich heraus, daß einige dieser Interpreten zu ähnlichen Schlüssen kommen, wie ich sie gerade erörterte: sie hören auf, Musik aufzuführen. Es ist ein seltsamer Wandel. Im Pausieren wird eine reelle Chance für die Weiterentwicklung der Interpretation gesehen. In der Komposition geschieht heute ähnliches.

Spiegel: Wen würden Sie beispielsweise als kritischen Interpreten bezeichnen?

Kagel: Den Pianisten Glenn Gould. Er dreht neuerdings lieber Filme. Das LaSalle-Quartett hat glücklicherweise noch nicht aufgehört.

Spiegel: Wie muß Beethoven denn gespielt werden?

Kagel: Die Tempi sind nicht streng regelmäßig zu nehmen. Beethoven schreibt kaum »Tempo rubato« vor, er meint es aber. Bei dieser Musik ist häufiges Atemschöpfen unerläßlich. So kann der (verdrängte) improvisatorische Charakter deutlich werden. Der zweite Punkt betrifft das Eckige. Die Sforzati ...

Spiegel: ... die plötzliche Betonung, die besonders starke Hervorhebung ...

Kagel: ... ja, die Sforzati also werden immer noch nach dem Axiom ausgeführt, sie seien bloß ein Akzent innerhalb des zuletzt angegebenen Lautstärkegrades. Damit wird die Steigerung domestiziert. Ich will nicht die These aufstellen, alle Sforzati sollten den musikalischen Vortrag aus den Fugen heben, aber sie müssen brüchiger, kantiger wirken. Junge Dirigenten, die es vielleicht versuchen würden, haben solche Angst vor den renommierten Orchestern, daß sie sich eher damit zufriedengeben, mit dem Konzertmeister eine mündliche Abmachung über die persönliche Note der Abendinterpretation zu treffen.

Spiegel: Und die Instrumentierung?

Kagel: Alle Retuschen, auch die berühmtesten vom Dirigenten Weingartner und Nachfolgern, sind zu entfernen. Es ist ein Segen, daß Beethoven unvollkommene Instrumente hatte, denn diese Unvollkommenheit tritt häufig da auf, wo Klangklischees jener Zeit decouvrierend wirken. Den rauhen Ton zu »erweichen«, ist schändlich. Auch wenn dies nicht durch Retuschen, sondern durch Hyperbesetzung des Orchesters oder besondere Mikrophonaufstellungen geschieht.

Spiegel: Sie würden also den schönen runden Klang, der von vielen Dirigenten angestrebt wird, nicht gelten lassen.

Kagel: Nein. Der Idealfall wäre, Beethoven so aufzuführen, wie er hörte. Also: »schlecht«. Das habe ich in der Filmfassung von »Ludwig van« kompositorisch versucht. Der Hauptgedanke war, seine Musik so umzuinstrumentieren, daß gewisse Klangbereiche und Frequenzen, die ein Tauber kaum oder verzerrt wahrnimmt, dementsprechend behandelt werden. Die Klangfarbenverzerrungen bewirkten, daß uns bei den Aufnahmen nochmals klar wurde, was dies für eine wahrhaft großartige Musik ist. Alle beteiligten Musiker und ich selbst waren ständig ergriffen. So eine Situation habe ich noch nie erlebt.

Spiegel: Zwischen den sogenannten letzten Quartetten und den Werken der auf Beethoven folgenden Komponisten gibt es keine Verbindung, unserer Ansicht nach keine bis zu Schönbergs Opus 7. Wir haben da eine Zeitlücke von 80 Jahren. Wie erklären Sie dieses?

Kagel: Wir haben den (späten) Reger dazwischen, aber es scheint heute nicht koscher, seinen Namen heranzuziehen. Der Fall der letzten Quartette kann, so glaube ich, nur als eine seltene Verzwickung betrachtet werden. Hier zeigt sich eine musikalische Sprache, die zugleich die Negation eines Zu-Ende-sprechen-Wollens ist (aber existentiell ein solches darstellt), und eine musikalische Form, welche bereits das Ende ihrer selbst ankündigt. Perfektes Beispiel dafür ist das Quartett Opus 131. Erst mit Schönberg tritt eine ähnliche Situation auf. Nicht umsonst nennen Sie sein erstes Streichquartett Opus 7. Schönberg drückt in dieser intimsten Form des Musizierens die Intimität seines Infragestellens aus. Und dieses Stück entsteht unmittelbar nach dem Riesenapparat von »Pelleas und Melisande« Opus 5 und mit den »Gurreliedern« bereits in der Schublade!

Spiegel: Haben Sie diese Zusammenhänge schon immer so gesehen?

Kagel: Ich begann erst achtzehnjährig Beethoven zu begreifen, nachdem ich die Musik Schönbergs und sein theoretisches Denken kennenlernte. Damals, als ich zu komponieren versuchte, wurde die Dodekaphonie immer noch als gefühlslos und mechanisch empfunden und als mitteleuropäische Judenstörung apostrophiert. Im späten Werk Beethovens fand ich dann die Bestätigung, daß keine Evolution der Musik möglich ist, ohne an die Intelligenz aller zu appellieren . . .

Spiegel: Was halten Sie von der These, daß Beethovens Spätstil die modernen Komponisten ganz entscheidend beeinflußt hat?

Kagel: Ich weiß nicht, ob der Begriff Beeinflussung den richtigen Sachverhalt trifft. Man findet zum Beispiel in Weberns »Sechs Bagatellen für Streichquartett« Opus 9 ein fluktuierendes Tempo durch ständige Beschleunigungen und Verlangsamungen, das frappierende Ähnlichkeit mit den Tempoveränderungen im siebten Satz, Allegro, des Beethovenschen Streichquartetts Opus 131 aufweist. Für Webern bedeutet diese Art, die Zeit zu artikulieren, einen Weg, um die Töne »empfindsam« zu machen, für Beethoven dagegen eine beiläufige Unterbrechung des Flusses. Anstatt von Beeinflussung könnte man von Verwandtschaft sprechen.

Spiegel: Haben die Komponisten Ihrer Generation Beziehung zu Beethoven?

Kagel: Kompositionell kaum. Im methodischen, strukturellen Sinne ist er wenig bekannt, obwohl sein immanentes Variationsprinzip mit den Seriellen verwandt ist. Heute wird er mit Vorliebe zitiert, wenn es darum geht, Bekanntes zu verfremden. Allerdings: Ich kenne wenige Komponisten, die Neue Musik in ihrer Freizeit hören wollen, es sei denn die eigene. Ältere Musik hören die meisten aber gerne. Wahrscheinlich wird dann Beethoven gehört.

Spiegel: Beethoven hat den Anspruch erhoben, in seiner Kunst die Menschheit zu repräsentieren. Glauben Sie, daß ein solcher Anspruch heute noch möglich ist, oder ist das sogar ein Punkt, der Sie als zeitgenössischen Komponisten geradezu provoziert?

Kagel: Ich glaube kaum, daß Beethoven diesen Anspruch erhoben hat. Man hat ihm den Weltschmerz aufgebürdet. Er umschlang die Schillersche Ode, wie es Komponisten zu tun pflegen: den Text so lange und laut zu wiederholen, bis der Hörer schließlich nicht die Worte, sondern die Musik wahrnimmt.

Spiegel: Damit wären wir bei der Frage: Sehen Sie Beethoven als Komponisten und als Menschen in einer Einheit?

Kagel: Keineswegs. Warum auch? Je mehr man von ihm erfährt, desto näher rückt er uns. Und seine Musik erscheint um so unbegrenzter und rätselhafter.

Spiegel: Vielen Dank, Herr Kagel.

Kagel: Einen Moment noch: Darf ich Ihnen diese Chronik als Souvenir geben?

Das Beethovenfest ist nun vorüber, und wir können wirklich sagen, daß wir viel Vergnügen ausgestanden haben. Soll ich über den Charakter des Ganzen ein Urteil fällen, so kann ich nur sagen – und alle Zeugen werden wohl beistimmen –, daß die Geschichte, was Administration, Ästhetik und Würde betrifft, eine ganz verfehlte und mißlungene war, und daß es für Beethovens Gedächtnis, ja für ganz Deutschland selbst zu bedauern ist, daß es so gekommen.
Johann Vesque von Püttlingen:
Eindrücke vom Beethovenfest 1845.

August 1968

Über J. C.

Am Beispiel John Cage konnte man jahrelang beobachten, wie peinlich verdorben das sogenannten Musikleben ist. Auch jene Veranstalter, die es wagten, Cages Musik in ihre Programmreihen aufzunehmen, taten es verlegen und immer mit dem Gedanken, daß dies böse enden würde. Und es endete auch meistens böse, zum Glück der neuen Musik. Man kann nur mit Schadenfreude beobachten, wie die renommierten Musikkritiker der neuen gemäßigten Moderne heute schon anfangen, ein Wort für Cages Schaffen einzulegen. Nur wird meistens das Wichtigste verschwiegen, nämlich daß ohne Cage alle jene Komponisten, die mit einiger Konsequenz am verworrenen Knäuel der nicht in nachwebernscher Manie geschriebenen Musik zogen, kaum den Mut, die Kraft und den Zwang zur eigenen Erfindung gefunden hätten.

Aus althergebrachter Gewohnheit pflegen die Europäer die Musikgeschichte viel zu früh zu kodifizieren. Dies wurde auch bereits in den 60er Jahren mit hysterischer Akribie getrieben, ein pedantischer Zynismus, der dazu diente, die Frühgeschichte der neuesten Musik zu verschweigen. Denn diese ist zum ersten Mal nicht in Europa zu Hause, sondern jenseits des Atlantik. Es ist zu wünschen, daß Cage nicht bald so häufig und schlecht gespielt wird wie die anscheinend leicht aufführbaren zweistimmigen Inventionen Bachs, oder besser vielleicht wie die unseligen Produkte hanseatischen Barocks, wegen des Mißverständnisses, das sich schon jetzt anbahnt, man könne jedes Mal zu einer Partitur von Cage greifen, wenn man Schwierigkeiten mit der Besetzung oder der Aufstellung eines probenkargen

Programms hat. Diese Bräuche enden meistens so, daß die Musik von Cage dilettantisch, gemildert, botschaftsschwanger, hausmusikalisch und etabliert klingt. Das Gegenteil davon ist immer John Cages Absicht gewesen.
Ich bitte herzlich um treue Korrepetition.

Dezember 1968

Zu Staatstheater

Ein Gespräch mit »Opernwelt«

Hans Otto Spingel: Ist »Staatstheater« eine Liebeserklärung an das Musiktheater oder eine Verhöhnung?

Kagel: Weder noch – aber vor allem keine Verklärung. »Staatstheater« stellt sich in verschiedenen Dimensionen dar, und bereits dies war für mich ein wesentlicher Ausgangspunkt, es zu schreiben.
Ich will keine eindimensionale, sondern eine mehrdimensionale Szene. Merkwürdigerweise kann ich das am besten auf einer Guckkastenbühne erreichen. Die Aktivierung des Publikums, an der mir – wie auch manchen anderen Komponisten – gelegen ist, erwies sich bei der Uraufführung in einer ihrer heftigsten Formen, nicht nur in Ablehnung oder Beifall, sondern in der Konzentration, die die Guckkastenbühne dem Zuschauer abverlangt. Simultaneität der Schauplätze und Multi-media-Effekte können im Zuschauer häufig das gegenteilige Moment auslösen: eine Erlahmung der Aufnahmefähigkeit durch Fülle. Die Freiheit bei der Auswahl des zu Erfassenden ist nur eine scheinbare.
Von einer Guckkastenbühne aus können Sie die Simultaneität und das Komplexe der Aktion dem Zuschauer vermitteln, ohne daß Sie ihm diese Dinge aufzwingen. Die Guckkastenbühne ist mit einem Fernsehschirm zu vergleichen: Wer würde im Ernst behaupten, daß das Fernsehen schlecht sei, weil es nicht gleichzeitig mehrere Bilder liefert? Man kann Komplexes weniger aus der Akkumulation verschiedener Teile gewinnen als aus einer wohldosierten Artikulation des Materials. Ich habe versucht, verschiedene Formen des Musizierens und des Geräuschmachens kompositorisch

zu inszenieren. Es genügt nicht, musikalische Prozesse sichtbar zu machen, sondern musikalische Formen sollen vielmehr in der optischen Realisation wieder zu Musik werden. In der Oper ist die Handlung der Musik theoretisch gleichgestellt. In der Praxis sieht es ganz anders aus. Die Zwänge des Zwitters Oper auf Regie und Darstellung sind groß; einmal erzählt man optisch und dann (manchmal aber auch kurz vorher und eine Weile danach) das gleiche akustisch. Aus der Algebra wissen wir, daß Plus und Plus Plus ergibt.

Spingel: Was haben Sie in Ihrem Stück erzählt, da doch eigentlich keine durchgehende Handlung – mit Anfang und Ende – zu entnehmen war?

Kagel: Kennzeichnend für »Staatstheater« ist, daß ich permanent erzähle. Ich habe mich nicht auf eine durchgehende Handlung beschränkt, dafür aber eine Fülle von Handlungen erfunden. Vor allem habe ich im Erzählen zu analysieren versucht. Beim Theater ist Analyse nur möglich, wenn man musikalische Haltungen der Darsteller deutlich sichtbar macht. Eines der Themen meines Stückes ist die Analyse vom Sänger und seiner Haltung auf der Bühne. Die gleichen Schritte, die z. B. für eine bestimmte Szene in »Tosca« notwendig sind, sind in »Staatstheater« ihres Inhaltes nicht entleert, nicht parodiert, sondern werden zu einem Inhalt an sich. Der Gang wird so der Zweck der Aktion selbst. Auch Armeschütteln oder Kopfdrehen werden zum Stoff der Erzählung »erhoben«.
Diese Behandlung von Bewegung auf der Bühne ist jedoch nur ein Teil meiner Arbeit gewesen. Nehmen wir den Abschnitt »Repertoire«, der sich als musikalisches Theater ziemlich absondert. Hier werden praktisch keine Instrumente mehr verwendet, sondern nur »Instrumente« zur Er-

zeugung von Geräuschen. Deswegen auch der Untertitel »szenisches Konzertstück«. Es findet zwar im »Repertoire« eine völlige Loslösung von Handlungszwängen statt, aber dafür muß jeder Auftritt so spannungsvoll sein, daß der Zuschauer gar keine Zeit findet, sich nach dem Sinn-Zusammenhang dieses Auftritts zu fragen. Die Frage nach dem »Was soll denn das?« wird durch die Intensität der musiktheatralischen Idee und ihrer szenisch-akustischen Darstellung zunächst überwunden. Und wenn 70 verschiedene Aktionen – zwischen wenigen Sekunden und einer dreiviertel Minute – in knapp zwanzig Minuten verlaufen, dann ist das Vabanque-Spiel der Verständigung mit dem Zuschauer erst richtig groß.

Spingel: Könnte man sagen, wenn man vom Sinn oder Un-Sinn in diesem Stück spricht, daß ja auch im klassischen Repertoire viele Handlungen, isoliert betrachtet, sinnlos sind, daß auch in klassischen Stücken viele Handlungen, wenn man sie analysiert, verkrampft, unnatürlich erscheinen?

Kagel: Genau. Erst recht in der Oper kann man von Sinnlosigkeit reden. Denken Sie doch daran, daß Komponisten sich oft an unnatürlichen Handlungen vergriffen haben, nur um ihre natürlichen akustischen Vorstellungen zu realisieren. Die Suche nach dem geeigneten Libretto ist bereits der Beweis für eine Verkrampfung, wenn der Text nicht nur dramaturgisch zwingend, sondern gleichzeitig effektvoll sein soll. Die Fahndung nach dem Effekt lastete immer so sehr auf den Komponisten, daß sie die grotesken Situationen in Kauf nahmen, wenn damit eine bestimmte harmonische Modulation »sichtbar« gemacht werden konnte. Wagner erscheint mir ein Beispiel par excellence für diese Suche nach der geeigneten dramatischen Konstellation. Deswegen schrieb er selbst seine Libretti.

Spingel: Glauben Sie, daß man ein klassisches Stück des Repertoires à la »Staatstheater« spielen könnte, d. h. dessen Handlung in einzelne unverbundene Situationen auflösen könnte?

Kagel: Ja, aber dazu wäre es unumgänglich, Analyse und Methode meiner Komposition in die Praxis umzusetzen – und »Staatstheater« vorher spielen zu lassen. Man hat mich auch mehrfach gefragt – und nach der Inszenierung von »Staatstheater« besonders häufig –, ob ich Regie führen möchte in Stücken des klassischen Repertoires. Bis heute habe ich solche Tätigkeit immer wieder verschoben, weil ich glaube, daß das für meine allerletzte Periode reserviert sein soll, wenn mir jene Kraft fehlen wird, die ich zum Komponieren brauche. Aber das Problem interessiert mich sehr, einfach weil ich endlich erleben möchte, wie die Musik klingt, wenn man sie inszeniert. Die Handlung zu inszenieren, erscheint mir dagegen im herkömmlichen Opernbetrieb häufig als eine Farce, als etwas sehr Banales. »Staatstheater« ist für mich der Beweis, daß es möglich ist, Musik in Szene zu setzen. Zugegeben: keine Sprache im herkömmlichen Sinne ist hier vorhanden. Wenn ich aber so nachdrücklich für eine Inszenierung der Musik plädierte, durfte ich nicht so inkonsequent sein und Worte als Kompositionsmaterial verwenden, Worte, die zunächst die Sänger überzeugen sollen, daß das, was sie singen, einen literarischen Sinn hat. Also: ich schaffte die Sprache ebenso wie die Handlung ab. Nun, ich hatte wirklich Angst davor. Ein abendfüllendes Stück, das sich der Sprache nicht bedient, aber auch nicht negiert, muß musikalisch zwingend, fast selbstverständlich musikalisch sein. Das war es auch. Die Sänger verstanden häufig ihre Partien als Lieder, als szenische Kammermusik. Dies trifft auf alle Sänger zu. Die Frage »Was soll das?« tauchte weniger auf als jene »Wie und warum soll das?«. Ich finde das um so erfreulicher, weil dann der schwere Ballast eines vorgegebenen Textes, der Empfindungen wecken soll und muß, einfach umgangen werden konnte. Nur die Musik wurde vorgespielt und dargestellt.

Spingel: War es unbedingt zwingend für Sie, »Staatstheater« für eine Guckkastenbühne zu konzipieren, oder hätten Sie es auch auf einer modernen Szene, etwa in einer Arena, aufführen können?

Kagel: Das Stück ist so komponiert, daß es sowohl räumliche Schrumpfung als auch Ausdehnung verträgt. Als Rolf Liebermann mir sagte: »Sie können tun, was Sie wollen, nur schreiben Sie für die Gegebenheiten unseres Hauses«, sagte ich ihm, daß auch dann, wenn er es anders gewünscht hätte, ich nur bereit gewesen wäre, für eine Bühne zu schreiben. Ich habe bis heute kaum für eine andere als für die Guckkastenbühne geschrieben und das mit voller Absicht, weil ich der Meinung bin, daß ich kein Simultan-Theater brauche, um mich (musikdramatisch) mehrschichtig auszudrücken. In der Guckkastenbühne stecken viel mehr Möglichkeiten als sie das musikalische Theater bisher verwendet hat. Kraß gesagt: das musikalische Theater ist viel primitiver als das Schauspiel. Ich finde es fast selbstverständlich, wenn man im Prosa-Theater die Grenzen der Guckkastenbühne sprengen will – obwohl diese Absicht, als Ideologie betrieben, mir weniger attraktiv erscheint. Die Modernität eines Stückes hängt weniger von den Mitteln ab als von dem Grad der Konsequenz, mit welcher die Konzeption verwirklicht wird.

Wenn wir in einen anderen Raum als die Staatsoper gegangen wären, hätte ich nicht diese großartigen technischen Möglichkeiten gehabt, wie sie das Haus bietet, und wahrscheinlich hätte ich Kompromisse schließen müssen.
Das gleiche betrifft die Aktivierung des Publikums. In einem anderen Raum wäre diese intensive, ja heftige Anteilnahme des Publikums – der Skandal eingeschlossen – nicht möglich gewesen. Ich plane meine Skandale ja nicht. Was die wütenden Proteste betrifft: Sanftmütigkeit kann das Publikum am aggressivsten machen. Bei »Staatstheater« wurden die Leute vor allem böse darüber, daß sie am Anfang so sehr gelacht hatten. Sie ertappten sich dabei, sich über Gebühr amüsiert zu haben und sich dann von ihren Lieblingssängern »zaza pum zaza« vorsingen zu lassen.
Als wir »Ensemble« probten, habe ich den Sängern gesagt, daß wir auf Proteste nur mit musikalischen »Maßnahmen« reagieren dürften, daß wir der Publikumswut nur mit Intelligenz begegnen könnten. Und je nach Stimmung im Saal wurde – und wird immer noch – mit einer anderen Zusammensetzung der Solostimmen geantwortet. Je heftiger die Publikumsreaktionen wurden, desto lyrischer wurde auch der Ablauf auf der Bühne. So gelang es, die Wut zu steuern und sie in ruhigere Bahnen zu lenken. Auf keinen Fall möchte ich partout Skandale entfachen, aber Angst vor ihnen habe ich auch nicht. Ich tue, was ich glaube, tun zu müssen, und wenn etwas von meinen Produktionen heute für das Publikum lächerlich wirkt, so wird sich das schon ändern.

Spingel: Empfanden Sie die Anteilnahme des Publikums als positiv oder als Störung?

Kagel: Die Anteilnahme war – und blieb – im Grunde

erstaunlich positiv. Nun, wenn jemand ins Theater mit Stinkbomben kommt (wie bei der Uraufführung!), ist das natürlich keine Frage der Anteilnahme mehr, sondern der geplanten Provokation, des gezielten Terrors. Diese »Anteilnahme« ist indiskutabel. Aber wenn jemand echt empört ist und seine Empörung durch Buhen oder Pfeifen während der Aufführung zum Ausdruck bringen will, so finde ich das zwar merkwürdig, aber immerhin verständlich. Trotz aller Unüberlegtheit einer solchen Haltung, die stören will, wo andere hören wollen, finde ich, daß das Stück bis jetzt in jeder Vorstellung Heftiges bewirkt hat, und das ist sicher gesund.

Spingel: Bitte, sagen Sie noch etwas zum Titel »Staatstheater«. Warum dieser Name?

Kagel: »Staatstheater« ist ein analytischer Titel, ebenso wie die Komposition auf Analyse basiert. Der Titel weist auf das untersuchte Objekt hin. »Staatstheater« ist möglich, weil es *Staats*-Theater und Staats-*Theater* gibt. Das Stück enthält sehr viele Elemente, die die Institution in Frage stellen. Sie sind am deutlichsten in der Haltung des herkömmlichen Opernbesuchers zu spüren, der seine Vorstellung von der Würde des »Staates« mitbringt, der eben dieses »Theater« garantiert.

Spingel: Spielen da gesellschaftliche Probleme mit?

Kagel: Eminent. »Staatstheater« äußert sich – wie so viele Stücke von mir – gesellschaftskritisch, aber es äußert sich gezielt als Kritik der musikalischen Gesellschaft, an der wir alle teilnehmen. Die Funktion eines Komponisten ist zugleich die eines ständigen In-Frage-Stellens der Form, in der er sich ausdrücken kann und soll. Deswegen gibt es im »Staatstheater« Stücke wie »Debüt« und konzertante Massenszenen wie »Parkett«. Sie finden nicht nur auf der Bühne statt, sondern – wie sympathetisch mitklingende Saiten – auch im Zuschauerraum. Diese Rechnung ging in der Uraufführung auf. Über eine der ersten dieser Szenen, »Karl Kraus« betitelt, in der 25 alte Herren mit Fackeln, die auf Kommando verlöschen, über die Bühne schleichen, war ich besonders bewegt. Sie traf ganz tief den Nerv der Opernillusion, sie zerriß den Schleier vor den Augen der Opernfans. Darüber hinaus war es gutes Theater, weil es zugleich so viele gedankliche, akustische und optische Wahrnehmungsmomente auslöste.

Spingel: »Staatstheater« war – wenn ich das richtig sehe – eine Kulmination, was den Gedanken, was die Form und die Füllung der Zeit mit Inhalt betrifft. Sie machen jetzt in Oslo »Probe«, ein Stück, das kein Publikum hat und ausschließlich aus Akteuren besteht. Bedeutet das eine neue Richtung für Sie?

Kagel: Seit drei Jahren etwa versuche ich, nach meinen Produktionen und Konzerten mit dem Publikum zu sprechen. Ich meine, daß ein Dialog unbedingt notwendig ist, und ich stelle mich gern den Fragen. Diese Diskussion ist allmählich zu einem festen Bestandteil meiner Konzerte geworden. Ich habe aber im Laufe der Zeit erkannt, daß nach einer Darbietung, die vom Zuhörer viel fordert, Müdigkeitserscheinungen auftreten, die eine gründliche Diskussion unmöglich machen. Ich habe darüber nachgedacht, wie ein solcher Dialog in ein Konzert zu integrieren sei, und fand eine Form, die die herkömmliche Konzertform zugleich sprengt und einbezieht.

Ich schreibe augenblicklich ein Stück für den WDR in Köln, das aus 11 verschiedenen Teilen besteht, ausgeführt von Instrumentalisten und einem gemischten Chor aus Jungen und Mädchen. Jeder Teil dauert nicht länger als 6 Minuten. Die »Programm-Gespräche mit Kammermusik« – so heißt der Arbeitstitel des Werkes – wird in zwei Räumen gespielt, damit man einen relativ kleinen Zuhörerkreis hat, da mit einem großen Publikum »nicht gut zu reden ist«. Die gleichen Teile oder Sätze werden von denselben Musikern nacheinander in den beiden Räumen gespielt. Etwa: Satz 1 in Saal A erscheint als Satz 3 in Saal B. In diesem Augenblick trägt ein Ensemble aus Raum B einen dort schon gespielten Teil von »Programm« in Raum A vor. Beide Räume sind in Köln durch ein Fernsehsystem verbunden. In jedem Augenblick kann man von einem zum anderen Raum sprechen, sowohl das Publikum als auch die Moderatoren, und auch sehen, was geschieht und was darüber gesagt wird. Das ist also eine optische und akustische Belebung des Konzertes, die in konkreten Äußerungen resultiert. Nach dem monumentalen »Staatstheater« ist solche Knappheit faszinierend – und notwendig – für mich. Ich habe bemerkt, daß eine Aktivierung des Publikums nicht über den Umweg einer physischen Betätigung zu erreichen ist, sondern daß die Intelligenz des Publikums – seine Sensibilität also – angesprochen werden muß. Das Publikum soll als Zusammenfassung einzelner und denkender Individuen angesprochen werden. Intensives Musikhören fordert eine immense Aktivierung des Zuhörers. Immer noch scheitert das rechte Verständnis an dem Problem, daß das Publikum nicht genügend aktiviert wird, weil man glaubt, es bekäme nicht die richtigen Mittel dazu. Und das Allheilmittel kann nicht heißen, zwischen zwei Räumen spazierengehen oder mit Kinderinstrumenten Aggressionen abreagieren; der Weg dahin führt wahrscheinlich nur über die Konzentration.

Spingel: Sie sind also gegen Wandel-Konzerte, d. h. gegen Produktionen, in denen die Zuhörer von Augenblick zu Augenblick den Raum und damit auch einen Ausschnitt aus verschiedenen musikalischen und anderen künstlerischen Resultaten wählen können?

Kagel: Nicht direkt dagegen, aber ich bin skeptisch, weil es eine bestimmte Gleichgültigkeit fördert. Es ähnelt der Gleichgültigkeit, der man in einer Geschäftsmesse erliegt, wenn das Angebot ständig nach Aufmerksamkeit schreit. Und man wird so müde . . . Was man von Wandel-Konzerten erwartete, ist nicht eingetreten. Je mehr dem Publikum eine scheinbare Freiheit angeboten wird, desto weniger macht es Gebrauch davon. Es langweilt sich eher.

Spingel: Kann man in Ihrem gesamten Oeuvre eine Linie, etwa einen roten Faden erkennen, der auch »Staatstheater« durchzieht?

Kagel: Ich habe mich nie sehr darum bemüht, meine Stücke in einen gesamten Plan einzuordnen. Es fehlt mir der nötige Abstand dazu.

Spingel: Wäre ein Leitmotiv für Sie vielleicht Zweifel und Skepsis?

Kagel: Skepsis spielt sicher eine sehr wichtige Rolle, aber eher bin ich ein optimistischer Fatalist. Wie wäre ich sonst imstande gewesen, zwei Monate Proben für »Staatstheater« durchzuhalten! Das Theater ist fast das fatalistischste Medium, das ich kenne. Lassen Sie es mich deutlicher sagen: Jeder Regisseur mit wachem Instinkt ist imstande, die Qualität der Aufführung schon sehr früh, sicher vier Wochen vor der Premiere, vorauszusagen. Dies hat weniger mit »Gefühl« zu tun als mit Kenntnis der Sache. Ändern während der Arbeit ist in den etablierten Theatern mehr gefürchtet und verpönt als Mißerfolge. Aber der Fatalismus des Bühnenbetriebs kennt einen anderen Begriff dafür: Zweifel. Ich bekenne mich jedoch zu einer realistischen Einschätzung der Mittel, die mir zur Verfügung stehen, und zu einer genauso realistischen Einschätzung der Deutlichkeit, mit der ich diese Mittel einsetze. Ich mache Theater, weil ich auf der Bühne eine Deutlichkeit erreichen kann, die mir die Musik allein selten erlaubt. Diese darstellerische Deutlichkeit ist wiederum nur mittels höchster Musikalität zu erreichen, so daß der Kreis sich wieder schließt. Ohne höchste Deutlichkeit sind Musik und Theater nicht zu einer dritten Dimension zu vereinigen, in der das eine vom anderen nicht mehr zu trennen ist.

Spingel: Wie lange haben Sie an »Staatstheater« gearbeitet, und wie haben Sie gearbeitet? Der Eindruck ist der, daß Ihre Phantasie reich und mühelos gespeist worden ist.

Kagel: Es freut mich, wenn Sie diesen Eindruck gehabt haben; tatsächlich ist das Gegenteil der Fall gewesen. Ich bin kein schneller, aber ein sehr fleißiger Arbeiter. Ich habe an »Staatstheater« vier Jahre, seit 1967, als ich den Auftrag erhielt, bis Ende 1970 – mit Unterbrechungen – gedacht, geschrieben und weggeworfen. Die Aktionen, die Sie in »Staatstheater« gesehen haben, sind alle gründlich ausprobiert worden. Es gibt in dem Stück nichts, was ich nicht in Köln probiert habe. Nicht nur die Aktionen sind auf ihre Möglichkeiten getestet worden, auch die Instrumente. Ich

war sehr häufig in den Werkstätten der Staatsoper, um mit den so ausgezeichneten Technikern zu sprechen und mit ihnen gemeinsam Probleme zu lösen. Dasselbe hat meine Frau mit den Kostümen getan. Wir hatten den Fundus der Staatsoper, was Möbel, Kostüme und Requisiten betrifft, vollständig im Griff. Davon nämlich hing letzten Endes die Präzision ab, mit der wir sagen konnten, was wir sagen wollten.
Sie fragen, wie ich komponiere. Ich betrachte meine Arbeit nie ein-, sondern mehrspurig. Entsprechend komponiere ich selten nur an einem Stück. Das schafft sowohl Distanz als auch jene Spannung, die ich brauche. Neben dem »Staatstheater« haben mich drei andere Stücke, die ich inzwischen fertig schrieb, gleichermaßen interessiert, und so war ich im Unterbewußtsein neben der Hauptarbeit ständig mit ungelösten Problemen dieser neuen, noch unrealisierten Pläne beschäftigt. Das ist vielleicht der Motor meiner intensiven Arbeit – und daß ich nie aufhöre, an Musik zu denken. Es ist meine Arbeit, aber auch mein Hobby, einfach alles. Das war immer so. Und was die Einfälle betrifft: ich habe heute viel mehr in petto als vor 10 Jahren.

Spingel: Über den Begriff der Parodie im »Staatstheater« gab es widersprüchliche Meinungen von verschiedenen Seiten. Als was würden Sie z. B. das Erscheinen Lohengrins mit dem Schwan bezeichnen? Ist das einfach überhöhte Naivität?

Kagel: Ich bin sehr froh, daß Sie das Wort Naivität verwenden. Sehr viel in diesem Stück ist tatsächlich ein Flirt mit dem Naiven und nicht so sehr ein Auftrumpfen mit der bloßen Parodie. Natürlich geht meine Naivität nicht so weit, zu glauben, daß ich den »Lohengrin«-Schwan brauche, um

Parodie unterzubringen; das wäre denn doch zu simpel. Wir haben ein Reservoir an Gesten und an Requisiten im Theater. Das äußert sich in einer Verdinglichung der Situationen. Mich hat der Widerspruch in der Verwendung dieser Requisiten sehr interessiert. Der modische Begriff dafür: umfunktionieren. Entsprechend umfunktioniert fühlten sich viele Opernfans.

Spingel: Dieselbe Situation dürfte doch auch im »Ensemble« gegeben sein?

Kagel: Ja, ähnlich. Die Leute wurden eben deshalb so böse, weil sie merkten, daß das Unartikulierbare, zur Musik »umfunktioniert«, die geläufige Ekstasebereitschaft des Opernkonsumenten – sein Verständnis so oft wie nötig auszuschalten – charakterisierte. Ich hatte gleichzeitig den Eindruck, daß die Reaktion des Publikums verwandt mit jener des berühmten Pawlovschen Hundes war.

Spingel: Hängt die Heiterkeit und auch die Melancholie in diesem Stück mit dem zusammen, was Sie vorhin Ihren fatalistischen Optimismus nannten?

Kagel: Ich sprach von »optimistischem Fatalismus«; die Umkehrung ist mir aber auch sympathisch. Meine Melancholie ist ein Bestandteil meines Humors. Jeder, der Humor hat und ihn öffentlich äußert, weiß, wie ungeheuer ernst dieses Phänomen genommen werden muß. Humor ist eine ethische Haltung, und alles, was ich schreibe, wird von dieser ethischen Haltung bestimmt. Sie ist Voraussetzung dafür, daß ich überhaupt schreibe.

Spingel: Wie ist Ihr Verhältnis zum Publikum? Denken Sie beim Schreiben an den Zuhörer?

Kagel: Nein, wenn ich komponiere – sehr wohl, wenn ich dirigiere oder inszeniere. Ich hasse weder das Publikum, noch liebe ich es; ich versuche, es gerecht zu behandeln, und das heißt, ihm nicht eine zu leichte Kost zu servieren. Mein unmittelbares Publikum aber, und das ist sehr wichtig für mich, sind meine Ausführenden, die Sänger, die Instrumentalisten. Zuhörer dagegen sind nur das mittelbare Publikum. Deswegen freue ich mich besonders, daß Musik und Gesellschaft zwei verschiedene Begriffe sind und beide ständig miteinander kommunizieren.

»Staatstheater« ist ein Beispiel dafür, daß ich nur gesellschaftskritisch wirken kann, wenn ich genau so kritisch meiner eigenen Musik gegenüberstehe. Wenn ich 60 Choristen als Solisten behandele, wenn ich die Schwierigkeiten der Auseinandersetzung zwischen mir und ihnen in Kauf nehme, weil ich dann mit jedem einzelnen allein proben muß, dann ist das Resultat ein Stück, das die traditionelle Hierarchie des Theaters eindeutig durchbricht. Der Chor ist mit einemmal auch wieder wer, die Masse ist zu Individuen geworden. Ich sehe in jedem Sänger den einzelnen Menschen, und den möchte ich ansprechen.

Ich könnte es mir natürlich viel leichter machen, einige Chorsätze schreiben und damit basta. Wenn ich dagegen die Solisten sitzen lasse – und das ist betriebs-psychologisch sicher nicht nur eine interessante, sondern auch sehr schwierige Situation –, und ich sage ihnen: ihr sitzt hier nicht, um lächerlich zu wirken, sondern um das, was die Musik sagen will, potenzieren zu können, dann habe ich zwar die Beziehung auf den Kopf gestellt, aber gleichzeitig etwas sehr Wichtiges gewonnen. Ich habe eine Kerbe geschlagen in den

traditionellen Theaterbetrieb, der sich sozusagen auf Akkordarbeit (Art der Aktion = Stimmgüte) gründete, für die und für deren Möglichkeiten zu schreiben war.
Als Liebermann mich fragte, welche Sänger ich wünschte, habe ich ihm mit Absicht keine Namen genannt, denn dann hätten wir wieder eine berühmte Aufführung mit Spezialisten der »Neuen Musik«. Es sollte ein Stück werden, das – in Hamburg uraufgeführt – die Möglichkeit bewies, vielen Mitgliedern anderer Ensembles eine Tür zur neueren Vokalmusik und szenischen Interpretation zu öffnen.

Spingel: Das Stück ist variabel, d. h. es bietet verschiedene Interpretationsmöglichkeiten. Wird es in der zweiten Vorstellung sehr viel anders klingen als in der Premiere?

Kagel: Nein, ich habe für Hamburg eine Version zusammengestellt, die wegen des großen Apparates in allen Aufführungen dieselbe bleibt.

Spingel: Wird es in Zukunft für Sie noch einmal eine so große. d. h. zeitlich ausgedehnte Aufgabe wie »Staatstheater« geben?

Kagel: Ein paar Jahre lang sicher nicht, weil ich bis Mitte 1974 mein Menü schon fertig habe. Zwar habe ich bei den Proben viele Ideen bekommen, ein zweites Stück dieses Kalibers zu schreiben. Meine erste Reaktion aber, wenn eine Partitur fertig ist, ist: nie wieder . . .

Mai 1971

Aus USA

Oft habe ich mich gefragt, warum für die Komponisten und Kompositionsstudenten des akademischen Milieus der Vereinigten Staaten Webern so eminent wichtig ist. Diese Frage wurde mir während der ausgedehnten Tournee, die ich im April und Mai 1963 durch Amerika unternahm, besonders bewußt. Als mir allmählich die Gründe dieser Zuneigung klar wurden, hatte ich den Eindruck, daß hier mehr oberflächliche und zugleich verinnerlichte Überlegungen eine Rolle spielten als die Ästhetik Weberns.

Um das Phänomen »Webern-in-Amerika« besser verstehen zu können, sollte man beim Neoklassizismus Strawinskis und bei seiner – auf den amerikanischen Kompositionsstudenten-Markt spezialisierten – Prophetin Nadia Boulanger beginnen. Dieses lebende Orakel, zu dessen wichtigsten Schülern Aaron Copland und Virgil Thompson gehörten, brachte ab 1920 ganzen Verbänden von Musikern die Voraussetzungen und handwerklichen Rudimente eines Stilklischees bei, das durch rhythmische Ostinati, chromatische Diatonik und die Pflege frühklassischer Formen gekennzeichnet ist. Einige Aspekte dieser Schreibweise sind dem intellektuellen Verhalten der Amerikaner ohnedies sehr nahe: die Ablehnung des Pathos, die Unterdrückung jeder Manifestation aufdringlicher Expressivität, die pragmatische Anwendung des Handwerks ohne Rücksicht auf seine ästhetischen Konsequenzen und schließlich als wahrscheinlich typischstes Merkmal die Liebe für »cleanness«, eine antiseptische Transparenz, die im neoklassizistischen Denkschema eine ideologisch starke Stellung innehatte.

Wird als Gegensatz zu der manieristischen Objektivität der

Neoklassik an die peripathetische Ausdrucksweise Schönbergs erinnert, an seine unappetitliche, »dirty«, undurchsichtige Pastösität, so ist die offizielle Ablehnung, die das amerikanische Musikmilieu von 1930 bis 1950 ihm gegenüber zeigte, eher auf psychologische als auf rein musikalische Gründe aufgebaut. Die Tatsache, daß Schönberg auch mit einer Art Scheinklassizismus kokettierte, ist in diesem Zusammenhang ohne Bedeutung, weil die Einbeziehung der Sonaten- oder Suitenform bei ihm nicht ein Vorwand zur Wiederbelebung des Vergangenen war, sondern eher der Beweis seiner Sehnsucht, mit der Zwölftontechnik auch thematische Musik zu komponieren. Alle Widersprüche des Schönbergschen Denkens, vor allem jene, die auf der Beziehung von traditionellen Formen und einer neuen Organisation des Materials beruhen, bedeuten im Gegensatz zum restaurativen Streben des Neoklassizismus keine stilistische oder musikgesellschaftliche Anpassung, sie sind vielmehr Kontinuität durch Fortsetzung.

Webern nun ist für den Unterricht besonders geeignet. Reihe und Transpositionen wurden von ihm stets durchsichtig verwendet. Numerologische Analysen und einfache Aufzählungen für didaktische Zwecke (»Ton eins, Ton zwei, Ton drei . . .«) können äußerst befriedigend sein. Mit buchhalterischer Sorgfalt lassen sich allerlei Proportionsmodelle nachweisen. Takte, Sechzehntel-Noten und punktierte Viertel, hohe und tiefe Lagen, Sforzati und dreifache Pianissimi werden addiert und subtrahiert. Dagegen finden Multiplikation und Division weniger Anwendung.
(A propos. Ich traf Varèse in New York. Wie immer hatte er ein scharfes Bonmot parat: »Die Tragödie ist, daß es zwölf Töne gibt, die Komponisten aber nur zehn Finger haben.«)
Alle Indizien einer total determinierten Kompositionsme-

thode werden gesammelt und für den Unterricht ausgewertet; in Amerika wird Komposition meistens an den Universitäten gelehrt, und das, was sich am besten dafür eignet, muß entsprechend mit quasi wissenschaftlicher Akribie mitgeteilt werden können. Klar umrissene Begriffe und verlokkende Grundsätze, die eine unmittelbar praktische Umsetzung der Kenntnisse ermöglichen, werden dabei immer bevorzugt. Tatsächlich versuchen die meisten Dozenten und Studenten nicht, die Konsequenzen aus der in ihrer Weise durchorganisierten Musik Weberns zu ziehen, indem hauptsächlich die methodischen Elemente weiterentwickelt und die musiksprachlichen Merkmale ad acta gelegt werden. An Webern wird das Rationale des Stils mehr geschätzt als sein emotionaler Zustand. Deshalb treten Spiegelkanons und symmetrische Zweiton-Wiederholungen in unzähligen Stücken auf. (Allerdings sind in Europa diese Charakteristika auch häufig zu finden, der Unterschied liegt wahrscheinlich in der unterschiedlichen Einschätzung, die diesen Werken in beiden Kontinenten beigemessen wird.) Was vielleicht nur »pädagogische Unterhaltungsmusik« ist, gilt im akademischen Musikmilieu Amerikas oft als fortschrittliches Denken.

Die Ähnlichkeit dieser neoklassizistischen Webern-Manie mit der vorhergegangenen neoklassizistischen Strawinski-Manie ist frappierend. Da Strawinski die serielle Spätmode mit wohldurchdachten Paukenschlägen eröffnete und somit Webern und Tonreihen für allgemeine Bildung, Erziehung und Nachahmung salonfähig machte, wäre es angebracht, heute immer noch von der »Nachfolge-Igor-Strawinskis« zu sprechen; ohne sein tonangebendes Omen hätte die hundertachtziggradige Wendung nicht vollzogen werden können.

Auch Hindemiths US-Lehrtätigkeit in eigener Sache zwischen 1940 und 1950 hat einen bemerkenswerten Einfluß ausgeübt, vor allem auf die Generation der um 1920 geborenen Komponisten. Hier begegnen wir ebenfalls einem durchaus verständlichen und mit strengen Prämissen aufgebauten System, das sich in einer klaren Fachsprache mitteilen läßt und mit solch kompositionstechnischer Redundanz durchgeführt werden kann, daß ein Katalog von sicheren Wirkungen garantiert ist. Die Betonung des Didaktischen verschleiert zwar eine willkürliche Kompositionstheorie, bürgt aber zugleich für stimmige Musikstücke. Trotzdem sind die Richtlinien Hindemiths für Amerikas ältere und jüngere Komponisten heute von geringer Bedeutung. Die meisten seiner früheren Schüler sperrten die saubere Langeweile ihrer Werke hindemithscher Prägung für weitere Aufführungen, sobald sie in Weberns technische Umgebung gerieten.

Studios für elektronische Musik werden in den Vereinigten Staaten mit solchem Eifer gegründet, daß ich häufig als Grund das Selbstbedienungsprinzip zu erkennen glaubte. Überall folgen Vorträge und Seminare dicht aufeinander und werden Geräte angekauft, damit unmittelbarer Kontakt mit den Produktionsprozessen elektroakustischer Zusammensetzung folgen kann. Merkwürdig ist die Zurückhaltung der konservativen Lehrkräfte – an den Universitäten reichlich vorhanden –, die mit der Ablehnung übereinstimmt, welche die amerikanische Avantgarde gegenüber der elektronischen Musik zeigt. Die Happeninganhänger von New York, die »Once Group« von Ann Arbor in Michigan, die Komponisten um John Cage und viele andere gespaltene Kreise interessieren sich verständlicherweise viel mehr für eine »Tape music« ohne Einschränkung der Provenienz der Klangquellen. Diese Entwicklung ist auch in Europa bemerkbar. Der Unterschied zwischen europäischer und amerikanischer Tonbandmusik ist aber nicht so groß wie die theoretischen Gegensätze zwischen elektronischer Musik und der musique concrète. Bei der Herstellung von tape music werden heterogene Materialien verwendet, so daß die Komponisten sich häufig in der Wahl ihrer Klänge von tiefenpsychologischen und extra-musikalischen Beweggründen leiten lassen; wird Sauberkeit und Ordnung von den akademischen Komponisten leitmotivisch gepriesen, kommt hier aus dem Lautsprecher wohltuende Verwirrung. Wer die scharfe Trennung zwischen offizieller und Underground-Musik in Amerika kennt, begreift, warum so viele abseitige Komponisten für ihre Arbeiten musikalischen Abfall bevorzugen. Alles andere scheint vom stickigen Geist der Universitas infiziert.

Parallelen zur Ideologie und ästhetischen Ausstrahlung der augenblicklichen Pop-art lassen sich leicht ziehen. Ich glaube nicht, daß es sich dabei nur um eine Trotzhaltung handelt – oder besser um den Gestus eines ständigen Protests –, weil die Voraussetzungen zum Protestieren in USA weit günstiger sind als in Europa. Die Freude, Wüstes darzubieten, wird mit der Freude am wüsten Dabeisein honoriert. Alles findet Publikum, und weitaus wichtiger, es besteht immer die Möglichkeit, ein bestimmtes Publikum zu gewinnen. Die Haltung, die Autoren ihrer Produktion gegenüber einnehmen, wird entsprechend in das Verhalten des Konsumenten einbezogen. So entsteht ein breites musikgesellschaftliches Spektrum mit verschiedenen übereinander- und zueinanderpassenden Gesellschaftsschichten. Und unausgesprochen, aber als oberstes Prinzip gilt für alle: bereits erprobte, anerkannte Spielregeln sind streng einzuhalten.

Während Studios elektronischer Musik von Universitäten und Stiftungen unterstützt werden, häufen sich die privaten

Bastelecken unabhängiger Komponisten; dies könnte vielleicht auf die amerikanische Vorliebe für Privatinitiativen zurückzuführen sein, wenn man nicht wüßte, daß jeder danach strebt, sich von der tyrannischen Music Union (Musikergewerkschaft) zu befreien, um unabhängig vom Apparat mit dem Klangmaterial selbst zu arbeiten. Verlangt die Einrichtung eines öffentlichen Universitätsstudios ständig nach teurer Verbesserung, so sind die Requisiten für ein privates Studio zur Produktion von Tonbandmusik dagegen billig. Das Musiklabor kommt hier dem Maleratelier häufig sehr nahe: verrostete Eisenstücke und alte Verstärker, kaputte Lautsprecher, halbe Klangerzeuger und auseinandergenommene Instrumente, Radioröhren, Generatoren, Spulen und Anhäufungen losen Tonbands. Auch die Haltung des Komponisten ist – vor allem in der Beziehung zum chronisch organisierten, wohldurchdachten Chaos – mit der des bildenden Künstlers eng verwandt. Sicher spielt auch die (un-) bewußte Idealisierung einer schöpferischen Bohème eine wichtige Rolle.

Die Gründe für die Einrichtung eines Universitätsstudios sind vorwiegend pädagogischer oder wissenschaftlicher Art, nur wenige Fälle bilden wirklich eine Ausnahme. An erster Stelle dient ein Universitätsstudio als Labor für den Unterricht. Damit werden Einführungen gehalten und praktische Experimente in Akustik als unumgängliche Ergänzung der elektroakustischen Klangproduktion durchgeführt. Zweifellos befriedigt ein Studio die Vorliebe und Schwäche der Amerikaner für alles Technische und ermöglicht zugleich einen betont rationalen Zugang zur Musik. Man versucht, eine Logik der technologischen Musiktheorie zu entwickeln. Diese Neigung, auch bei europäischen Komponisten im Umgang mit Sprache besonders deutlich, könnte man mit

»neo-technologischer Poetik« bezeichnen. Die Amerikaner untersuchen bereits die Implikationen einer humaneren Technologie, da sie von den Trümmern der wildgewordenen Industriegesellschaft umgeben sind; die Europäer dagegen sind mit einer humanistischen Denkweise vertraut (und von ihr verdorben), idealisieren immer noch die Möglichkeiten einer normativen Technologie.
Die vielen Fragen, die ich nach den Vorlesungen zu beantworten hatte (und amerikanische Studenten sind in puncto Fragen die neugierigsten und unersättlichsten, die ich kenne), brachten mir oft aufschlußreiche Erkenntnisse. Gute Gelegenheit, darüber zu berichten, ist die Einladung, an einem dreitägigen Symposium über elektronische Musik teilzunehmen, das von der Southern Illinois University organisiert wurde. Diese Staatsuniversität mit zwölftausend Studenten befindet sich in Carbondale, einem kleinen, charakteristischen Ort des Mittelwesten. Weitere Teilnehmer dieser Begegnung waren Milton Babbitt sowie zwei Dozenten derselben Universität und der Direktor der Musikfakultät, der als Leiter bei den öffentlichen Diskussionen fungierte. Jeden Tag gehörten zum Programm: je ein Vortrag von Babbitt und mir, getrennte Analysestunden über neue elektronische und Instrumentalwerke und Roundtable-Gespräche mit Einbeziehung der Studenten. Außerdem besprachen wir jene Arbeiten der Kompositionsklasse, die in einem der Konzerte oder von Tonband gehört wurden.
Ich möchte aus dem Fragebogen, den ich bei meiner Ankunft in Carbondale erhielt, einiges zitieren. »Es ist eher ein Leitfaden als eine spezifische Fragestellung, auf die Sie eingehen müssen«, sagte mir der Dekan der Musikfakultät, als er mir den Zettel gab. In den Fragen spiegelt sich ein Bild der amerikanischen Neugier, Zustimmung und Ablehnung zum Thema »elektronische Musik«.

1. Was ist elektronische Musik? Wie unterscheidet sie sich von der musique concrète oder der Instrumentalmusik?
2. Was sind die Charakteristika und Möglichkeiten der neuen elektronischen Mittel? Welcher neue musikalische Horizont ist dem Komponisten freigegeben?
3. Kann die elektronische Musik heute als reif angesehen werden, oder ist sie noch im Experimentierstadium?
4. Welche neuen kompositorischen Probleme beschäftigen heute elektronische Komponisten? Welche Art von musikalischen Ideen interessieren ihn am meisten?
5. Welches sind die wichtigsten musikalischen Probleme, die sich für den elektronischen Komponisten aus dem Reichtum an neuen klanglichen Möglichkeiten ergeben?
6. Bitte, berichten Sie über Studiotechnik. Welche Geräte sind für ein elektronisches Studio notwendig? Welche Verfahren werden zur Produktion und Manipulation der Klänge, die wir hören, angewandt?
7. Welche Rolle spielt – oder wird vielleicht spielen – die Mathematik und serielle Technik (die sogenannte »total-determinierte« Serientechnik einbezogen) in der elektronischen Musik? (Wenn Zeit übrig bleibt, werden noch einige praktische Fragen gestellt.)
8. Ist elektronische Musik wirklich Musik? Wenn ja, wie kann der Zuhörer sich dieser Musik nähern und etwas davon haben?
9. Warum sind keine erkennbaren Themen oder Ideen in den elektronischen oder anderen Avantgarde-Kompositionen wahrzunehmen? Oder sind sie vorhanden?
10. Macht die elektronische Musik den Ausführenden überflüssig? Sind Instrumentalisten (live) jemals für elektronische Musik verwendet worden?

Ich erinnere mich an ein Gespräch mit Mell Powell, Kompositionslehrer an der Yale University, das bis zum Morgengrauen dauerte. Es war – wie die meisten Gespräche, die ich mit einzelnen Personen hatte – mehr ein Interview als ein Dialog. Und zwar ein gegenseitiges Interview.

Trotz erheblichen Widerstands einiger Dozenten der Musikfakultät ist es Powell gelungen, ein Studio für elektronische Musik im Kuppelraum der alten Konzerthalle von Yale einzurichten. Als Pretext für die Einrichtung hatte er hauptsächlich von akustischen Untersuchungen mit den Studenten gesprochen, da Yale auf solide musiktheoretische Kenntnisse großen Wert legt. Im Verlag der Universität erscheint regelmäßig die wahrscheinlich wichtigste Publikation auf diesem Gebiet in den Vereinigten Staaten, »The Journal of Music Theory«.

Wir unterhielten uns über den Drang zur Theorie, er als kritischer Teilnehmer, ich als skeptischer Betrachter. Powell akzeptierte gerne meine These, daß Komponisten eher darauf aus sind, Begründungen für ihre Werke zu suchen – eine Art methodische Rechtfertigung – als eine neue Musiktheorie zu finden. Das Schaffen eines Musikstückes braucht weder mit einem wissenschaftlichen Apparat vorzeitig noch mit Ad-hoc-Systemen a posteriori belastet zu werden. Ich wies auf das Beispiel Schönberg hin. Er beeinflußte die nachfolgenden Generationen nicht so sehr durch seine Werke als durch seinen musiktheoretischen Beitrag. Die Tendenz des »Sich-mehr-durch-Worte-als-durch-Töne-Auszudrücken« ist jedoch nicht von Schönberg gefordert worden, sondern entstand als anwendbare Überlieferung als Praxis seines Denkens. Es scheint so, als garantiere die Beschäftigung mit musiktheoretischen Überlegungen dem Komponisten mehr Gültigkeit als das Schreiben von Musik, die den stilistischen

Wandlungen und Veränderungen der musikalischen Sprache ausgesetzt ist.
Diese Situation könnte mit der weltanschaulich gebundenen Einbeziehung von Theorie im Mittelalter verglichen werden. Ähnliches beobachtete ich auch bei der zwielichtigen Tätigkeit des Kompositionslehrers. Ahmt ein Student die Methoden und stilistischen Merkmale seines Meisters nach, so kann unschwer geleugnet werden, daß die Ideen des Lehrers über ihre individuelle Gültigkeit hinausreichen: je allgemeiner die Verwendung von Kompositionssystemen wird, um so mehr verbreitet sich der Einfluß jener Musikstücke, in denen musterhafte Theorie als Material verarbeitet ist. Dies trifft nun freilich auch auf die Vergangenheit zu, aber die Werbung für Musiktheorie im Zeitalter der massiven Kommunikation bezieht häufig subtilere Mittel ein.
Powell schien einverstanden zu sein und erwähnte ergänzend, wie meinungsbildend die musiktheoretischen Publikationen auf amerikanische Dozenten sind. Der Eindruck, den einige europäische Musikzeitschriften in den letzten Jahren hinterlassen haben, sei so groß gewesen, daß auch ohne unmittelbaren akustischen Kontakt mit den Werken europäischer Komponisten eine aktive intellektuelle Teilnahme möglich gewesen sei. In einem Land, das wegen der hohen Unkosten kaum Live-Aufführungen bieten kann, und in dem West- und Eastcoast wie zwei verschiedene Kontinente erscheinen, wird allem, was zur Erweiterung der Musiktheorie und Erneuerung der Kompositionstheorie beitragen kann, größte Wichtigkeit beigemessen. Die besonderen Eigenschaften des amerikanischen Musiklebens fördern gerade die Kommunikation durch theoretisches Denken. Dazu kommt ein musikpolitischer Aspekt der Theorie: sowohl in Europa wie in USA wird oft »poétique musicale« mit »politique musicale« verwechselt.

Eine musiktheoretische Position wird in Amerika geradezu mit Vehemenz verlangt, weil sie zur Klärung der akademischen Verhältnisse dient. Die meisten Aufführungen zeitgenössischer Musik beruhen auf dem alten Prinzip des Austausches. Die Universitäten fördern ein ständiges Geschäft zwischen den Music Departments. Ein Komponist, der keine Dozentur oder zumindest keinen engen Kontakt zu einer Gesellschaft von Akademikern hat, sieht zunächst seine Aufführungsmöglichkeiten vermindert. Er wird zum Außenseiter. Hier ist der Zwang zur gesellschaftlichen Integration und geschäftlichen Zusammenarbeit genauso groß wie in anderen Bereichen des außer-musikalischen Lebens Amerikas. Das ungeschriebene Gesetz des gegenseitigen Gebens und Nehmens wird auf lange Sicht geplant, gepflegt und gefördert. Zwischen den avantgardistischen Außenseitern sind Tauschaktionen weniger häufig. Als unabhängige, losgelöste Schicht fehlen ihr die nötigen Mittel, um gute musikpolitische Werbung durch Zeitschriften oder repräsentative Konzerte durchzuführen. Aber in Wirklichkeit ist die Avantgarde in fast so viele Gruppen zersplittert, wie sie Teilnehmer zählt, weil dies in der Natur eines individualistischen Sichbehauptens liegt. Jeder Komponist, der extreme Ideen entwickelt, glaubt eher an die Gültigkeit seines Ausdrucks als an den eines gefälligeren Kollegen; er kapselt sich infolgedessen immer stärker ab. Der Austausch bleibt deshalb auf ein Minimum beschränkt; seine Wirkung jedoch darf dennoch nicht unterschätzt werden.

In seinem Buch »The State of Music« gibt Virgil Thompson eine aufschlußreiche Analyse der ökonomischen Möglichkeiten, die dem Komponisten für seinen Lebensunterhalt geboten werden. Er behauptet mit Recht, daß eine enge Beziehung zwischen der Art der Einkünfte und dem musikalischen Stil existiert, und unterscheidet in vier Hauptkategorien mit siebzehn Möglichkeiten:

1. Verdiente Einkünfte: durch Arbeit, die nichts mit Musik zu tun hat.
2. Nichtverdiente Einkünfte:
   a) durch Geld von zu Hause, sei es sein eigenes oder das seiner Frau
   b) durch Mittel von Dritten, durch persönliche Hilfe, Subsidien, Aufträge, Preise, Almosen
3. Einkünfte durch die Musik von anderen oder durch Verkauf der Subprodukte der eigenen musikalischen Erziehung:
   a) Aufführung
   b) Organisation von Konzerten
   c) Verlegen und Herausgeben
   d) Pädagogik
   e) Vorträge
   f) Kritik und musikalische Journalistik
   g) »Appreciation racket«, also Verfassen von Konzertführern und desgleichen
4. Gerechte Belohnung für seine Arbeit durch:
   a) Tantiemen für verlegte Musik oder Schallplatten
   b) Gebühren von Aufführungsrechten

Ich glaube, daß die Mehrzahl der amerikanischen Komponisten hauptsächlich von zweien dieser Möglichkeiten lebt – Pädagogik und Aufträge – und von zwei weiteren Möglichkeiten nur sehr sporadisch Gebrauch machen kann – Vorträge und Preise. Gerechte Belohnung für ihre Arbeit ist selten, ebenso die Aussicht auf nichtverdiente Einkünfte. Die Komponisten der sogenannten Avantgarde leben an erster Stelle von Einnahmen aus extramusikalischen Arbei-

ten oder Aufführungen eigener Werke, an denen sie selbst als Interpreten beteiligt sind; gelegentlich auch von Vorträgen.
Das Groteske an diesen Fakten ist, daß finanzielle Sicherheit auf die Dauer negative Rückwirkungen haben kann, nicht nur weil das Lehren eine verderbliche Beschäftigung sein könnte, sondern weil zum Lehren, und um eine Professur lange behalten zu dürfen, eine Musik geschrieben wird, die unvermeidlich restaurativ wirkt. Je unabhängiger der Komponist ist – vor allem von einer Veränderung seines augenblicklichen finanziellen Zustandes –, desto mehr kann er riskieren. Charles Ives und John Cage sind zwei gute Beispiele hierfür.

Oktober 1963

Asien-Report

Die Gespräche, die hier festgehalten sind, fanden im Verlauf der Asien-Tournee statt, die Mauricio Kagel mit dem »Kölner Ensemble für Neues Musiktheater« im Auftrag des Goethe-Instituts vom 10. Januar bis 17. Februar 1973 durchführte. Die Interviews wurden im japanischen Hikari-Expreß, im Flugzeug, in Flughäfen, Hotelzimmern und Restaurants geführt. Spontane Aussagen, Reflexionen, provozierende Eindrücke, die Beschreibung aktueller Sachverhalte sowie grundsätzliche Erörterung der Kulturpolitik wurden auf Tonband aufgenommen. Umschreibungen, thematische Vereinfachungen oder die Ausklammerung problematischer Sachverhalte sind bewußt vermieden worden. Es ging ganz wesentlich darum, den Wert der künstlerischen Aussage auf örtliche Realitäten und Zielvorstellungen hin ständig zu überprüfen.

Auf einer so hektischen Tournee ergaben sich zwangsläufig hin und wieder Spannungen; auch dies fand in den Gesprächen seinen Niederschlag. Unter dem Zwang permanenter Situationsveränderungen, klimatischer Umstellungen und Zeitdruck entwickelte sich nach und nach eine latente Wachsamkeit, die die Fähigkeit zum intensiven Gedankenaustausch erhöhte.

Das gebotene Programm mit »Tactil für drei« und das szenische Konzertstück »Repertoire« von Mauricio Kagel kann als Musiktheater mit hohem Informationswert bezeichnet werden, da diese Werke charakteristische Beispiele für eine wichtige Entwicklung sind. Die nachfolgenden Überlegungen und Beobachtungen sind eine kritische Auseinanderset-

zung mit diesem Programm und seinen Einsatzmöglichkeiten im außereuropäischen Bereich.

Klaus Vetter, Tourneeleitung
Goethe-Institut, München, Theaterreferat

TOURNEEPLAN

		Aufführungen
Mi 10. 01. 73	Düsseldorf ab	
Do 11. 01. 73	Tokyo an	
Fr 12. 01. 73	TOKYO	1
Sa 13. 01. 73	OSAKA	1
So 14. 01. 73	Kyoto	
Mo 15. 01. 73	Kyoto	
Di 16. 01. 73	Tokyo ab	
	Seoul an	
Mi 17. 01. 73	SEOUL	1
Do 18. 01. 73	Seoul ab	
	Tokyo an	
	Tokyo ab	
	Manila an	
19. 01. 73	MANILA	1
Sa 20. 01. 73	Manila ab	
	Hongkong an	
So 21. 01. 73		
Mo 22. 01. 73	HONGKONG	1
Di 23. 01. 73	Hongkong ab	
	Bangkok an	
Mi 24. 01. 73	BANGKOK	1
Do 25. 01. 73	Bangkok ab	
	Kalkutta an	
Fr 26. 01. 73	KALKUTTA	1
Sa 27. 01. 73	Kalkutta ab	
	Delhi an	
So 28. 01. 73	Delhi	2
Mo 29. 01. 73		
30. 01. 73	Delhi ab	
	Bombay an	
Mi 31. 01. 73	BOMBAY	1
Do 01. 02. 73	Bombay ab	
Fr 02. 02. 73	Teheran an	
Sa 03. 02. 73	Teheran ab	
	Schiras an	
So 04. 02. 73	SCHIRAS	1
Mo 05. 02. 73	Schiras ab	
	Teheran an	
Di 06. 02. 73	TEHERAN	1
Mi 07. 02. 73	Teheran ab	
	Beirut an	
Do 08. 02. 73	BEIRUT	1
Fr 09. 02. 73	Beirut ab	
	Nicosia an	
Sa 10. 02. 73	NICOSIA	1

So 11. 02. 73	freier Tag	
Mo 12. 02. 73	Nicosia ab Ankara an	
Di 13. 02. 73	ANKARA	1
Mi 14. 02. 73	Ankara ab Istanbul an ISTANBUL	 1
Do 15. 02. 73	Istanbul ab Athen an	
Fr 16. 02. 73	ATHEN	1
Sa 17. 02. 73	Athen ab Frankfurt an Frankfurt ab Köln an	

Das Programm:
TACTIL
für drei, 1970

Wilhelm Bruck und Theodor Ross: Gitarre, Mundharmonika
Mauricio Kagel: Klavier, Schwinger, Mundharmonika

REPERTOIRE
Szenisches Konzertstück, 1970

Das Kölner Ensemble für Neues Musiktheater
Darsteller: Wilhelm Bruck, Helfrid Foron, Elmar Gehlen, Theodor Ross, Jasper Vorgt
Ausstattung, technische Assistenz: Ursula Burghardt
Inszenierung, musikalische Leitung: Mauricio Kagel

Werkeinführungen:

TACTIL für drei, 1970

Diese Komposition, im Auftrag des »Festivale Pianistico Internazionale« von Bergamo geschrieben und dort am 10. Juni 1970 uraufgeführt, basiert ausschließlich auf Rhythmen der Unterhaltungsmusik (Shuffle, Beat, Rasgueado, Beguine) jedoch *ohne* die dazugehörenden Melodien. So haben die Partien der beiden Spanischen Gitarren und die des Klaviers zugleich eine solistische und eine begleitende Funktion, weil die drei Instrumentalisten die gemeinsamen Rhythmen gleichzeitig spielen, aber unabhängig voneinander in Anschlagart und Klangfarbe verändern. Charakteristisch hierfür sind die fortwährenden, äußerst gedehnten Beschleunigungen und Verlangsamungen des gleichen Modells. Dadurch entsteht eine ununterbrochene Variation und Erneuerung der rhythmischen Struktur – ähnlich der visuellen Irritation bei Op-art-Bildern, wenn der Betrachter durch Bewegung der Vorlage oder Wechsel des Standortes optische Täuschungen erzielt und somit ungeahnte Konstellationen wahrnehmen kann.

Das Stück verläuft in einer betont zarten Atmosphäre; Zurückhaltung in der Lautstärke ist hier ein Mittel zur Verdeutlichung von musikalischen Prozessen, die bei allzugroßen dynamischen Unterschieden verborgen bleiben würden. Diese Sanftheit aber löst häufig beim Zuhörer ein hohes Maß an Aggressivität aus, ein Phänomen, das mich immer wieder beschäftigt hat, weil es sicher in einigen Aspekten mit den Affekten vergleichbar ist, die gerade die politische Gewaltlosigkeit hervorzurufen vermag.

Ausgangspunkt des Werkes sind unter anderem eine Reihe

von modellhaften gymnastischen Aufgaben aus Büchern der Jahrhundertwende, die sich mit der naturwissenschaftlichen Erkundung des Instrumentalspiels befaßten. Die meisten dieser Bücher sind Dokumente einer fanatischen Musikhygiene, in der die technische Beherrschung aus streng physiologisch-physikalischer Sicht das Hauptziel war. Vieles davon ist heute verschwunden, anderes sublimierte sich in jugendbewegten Musikerlebnissen, eine gute Portion aber mündete im Ordnungssinn und in den kulturideologischen Bestrebungen der Musikerziehung.
Zum Instrumentarium von »Tactil« gehören auch 2 Begleitmundharmonikas für die drei Ausführenden (jede mit zwei 4-chorigen, 60 cm langen Kanzellenreihen mit Akkorden) und ein allein vom Pianisten traktierter »Schwinger« – ein experimenteller Klangerzeuger, der für dieses Stück entwikkelt wurde. Es handelt sich um einen Resonanzkasten-Tisch (42×65 cm), auf dem sich ein reiches Sortiment von biegsamen Metallamellen und ähnlichen Objekten befindet: Stahlbänder, Messerblätter, Kochutensilien, Fechtklingen und Pfeile, die durch Schraubzwingen befestigt sind. Je länger der freischwebende Teil dieser Requisiten ist, um so tiefer schwingt der durch Zupfen erzeugte Ton. Kleine Holzgewichte auf einigen Lamellen regulieren außerdem Dauer und Periodizität des Anschlags auf der Tischkante: durch Veränderung des Gleichgewichts kann eine erwünschte Tonhöhe erreicht werden.
Gegen Ende des Stückes verläßt einer der Gitarristen seinen Platz, steigt auf eine Doppelleiter in der äußeren rechten Ecke des Raumes und spannt dabei eine rund 6 m lange Gitarrensaite zwischen der tiefsten B-Saite des Flügels und der tiefen E-Saite seiner Gitarre. Beim Spielen des Instrumentes, aber vor allem durch Zupfen dieser außergewöhnlich langen Saite wird – bei gleichzeitigem Treten des Pedals

– ein sympathetisches bzw. direktes Mitschwingen der Klaviersaite bewirkt; ein akustischer Effekt, den man »fernbedientes Klavier« nennen könnte. Kurz danach verläßt der andere Gitarrist ebenfalls seinen Platz, steigt auf ein kleines Podest in der Nähe der Leiter und verbindet sein Instrument mit einer ähnlich langen Saite an der tiefsten E-Saite des Flügels. Erst in diesem letzten Abschnitt des Werkes werden deutlichere Bruchstücke von Unterhaltungsmusik hörbar, welche – wenn auch stets fragmentarisch – einen Einblick in das volkstümliche Gitarrenspiel geben. Auch hier wird mit tastenden Bewegungen, auf der Suche nach der fast körperhaften Präsenz der Schwingungen, gespielt.
Das Werk ist Wilhelm Bruck und Theodor Ross gewidmet.

REPERTOIRE Szenisches Konzertstück, 1970
Dieses Stück wird in Zusammenhang mit dem ausführlichen Gespräch über die szenische Komposition »Staatstheater« eingehend behandelt (siehe Beitrag S. 89).

Abflug: 11. Januar 1973. Polroute. In Anchorage kurzer Aufenthalt. Zugefrorene Flüsse, Seen, weiße Wälder, fein gezeichnete Landschaft. Dann Weiterflug nach Tokyo, ab und zu blaue Fetzen, das Meer.
Am Freitag, dem 12. Januar 1973, war die erste und einzige Aufführung in Tokyo. Kagel gab sich skeptisch. Es erschienen etwa 700 Besucher. Die Reaktion des Publikums: erstaunlich lebhaft, spontan, rasches und bewußtes Eingehen auf bestimmte Klang- und Bewegungsabläufe; die Stücke kamen sehr gut an, wobei, wie normalerweise immer, die jüngeren Leute das Skurrile, das in Kagels Arbeit drinsteckt, den Versuch, die Klang- und Bewegungsmotivationen gleichzuschalten oder in Gegensatz zu bringen, gut verstanden.
Samstag, 13. Januar: Im Hikari-Express von Tokyo nach Osaka.

Vetter: Das japanische Publikum hat überraschend spontan auf Ihre Musik reagiert. Es genoß besonders den Aspekt des Skurrilen. Und hat dabei sehr wohl verstanden, daß Sie nicht mit einfachen Slapsticks arbeiten, sondern die bewußte Verzerrung realer Abläufe anstreben. Was meinen Sie dazu?

Kagel: Wenn japanische Komponisten sagen, daß sie eine solche Publikumsreaktion auf neue Musik nie erlebt haben, und daß der Enthusiasmus und die Intensität, mit der das japanische Publikum an der Aufführung teilgenommen hat, einmalig war, dann denke ich über unsere Bemühungen bestimmt anders, als wenn wir ein ohnmächtiges Echo gehabt hätten. Selbstverständlich würde ich skeptischer urteilen, wenn ich gemerkt hätte, daß nichts »verstanden« worden ist und nur ein paar rhetorische Fragen »nach-der-Bedeutung-des-Einzelnen-und-nach-dem-Sinn-des-Ganzen«

auftauchen. Interessant dagegen ist, daß die japanischen Zuschauer, weil mit einem anderen sense of humor ausgestattet als wir, viele hintergründige, typisch mitteleuropäische Details von »Repertoire« sicher nicht verstanden haben. Aber eines habe ich bereits kurz nach Beginn der Vorstellung bemerkt, und ich habe in diesem Punkt Erfahrungen von Aufführungen des Stückes in anderen Ländern: die Intensität der Freude und die Art des Lachens zeigten mir, daß das Publikum wesentliche Zusammenhänge deutlich spürte. In manchen Fällen wurden die Aktionen mehr vom Theatralischen her als vom Musikalischen nachvollzogen. Aber insgesamt ist die Reaktion auf eine so fremde Gedankenwelt wie diese – und ein Vergleich mit dem exotischen Eindruck des japanischen Theaters auf das europäische Publikum wäre zulässig – bemerkenswert.

Vetter: Für mich war es auch überraschend, daß die Japaner so beweglich reagiert haben. Aber wir befinden uns ja erst am Anfang unserer Tournee. Die Reaktion wird wahrscheinlich bei Koreanern, Malayen oder Chinesen und sicher auch bei Indern oder Iranern wiederum anders sein. Aber da kommen wir zum Hauptmotiv. Warum haben Sie überhaupt diese Tournee angenommen?

Kagel: Weil ich finde, daß wir Ausdrucksformen vermitteln sollten, die sich non-verbal darstellen lassen. Und gestern sah ich unser Programm in der Aufnahme des Publikums zunächst bestätigt.
»Repertoire« ist ein Stück, das mit den verschiedenen Traditionen des asiatischen Theaters wenig Gemeinsames aufweist, aber eine neue Form von »quasi«-Musik und stummem Theater so verquickt, daß es dem Zuschauer zum Empfinden von szenisch-akustischen Beziehungen freien

Raum gibt. Das ist ein stilistisches Merkmal, das auch in der asiatischen Theaterkultur lebendig ist. Und so braucht man sich nicht mit dem Gedanken zu belasten, daß diese Musik für außereuropäische Ohren fremd klingt. Es soll nicht unsere Aufgabe sein, nach Asien mit der Botschaft zu kommen: »Ihr werdet selbstverständlich Zeit brauchen, um das, was wir machen, zu verstehen. Eure Bemühungen werden sich jedoch lohnen.« Dies wäre die schlechteste Art, etwas zu vermitteln, was auch in Europa, gemessen an der schmalen Wirkung, ebensowenig »verstanden« wird. Wenn wir uns in so vielem *auch* auf einer Entwicklungsstufe befinden, dann ist für missionarischen Eifer kein Platz.

Vetter: Der Grund, warum Sie diese Tournee angenommen haben, ist also kein kulturpolitischer, ist auch kein missionarischer, ist zum Teil ein rein egoistisch künstlerischer. Aber was halten Sie überhaupt von einer Tätigkeit, die kulturpolitischen Charakter hat?

Kagel: Das Programm dieser Tournee ist zunächst der Ausdruck einer bestimmten Kulturpolitik, die, wie in diesem Fall, darin besteht, Information über die musikalische Aktivität im *heutigen* und nicht im klassisch-romantischen Deutschland zu geben. Wir müssen die Ziele unserer Kulturpolitik fortwährend entstauben, indem wir versuchen, jenem, was wir zu verteilen haben, keinen moralisierenden Wert zu geben. Schon allein deswegen sind zeitgenössische Musik und ebenso Theater, Film oder Literatur ausgezeichnete Medien für eine Kulturpolitik mit neuen Absichten. Mit Bach und Beethoven gerät man immer wieder in Versuchung, den Einheimischen Ethik und gute Formen zu vermitteln. Kulturpolitik nach dem Motto »Lernt Brahms kennen und ihr werdet nicht nur reicher, sondern auch besser«

hat in der Vergangenheit bereits schlimme *politische* Folgen gehabt.

Vetter: Ja, wenn Sie »kulturellen Imperialismus« meinen, wenn Sie von unserer typisch westlichen Arroganz gegenüber anderen, fremden Kulturen ausgehen.

Kagel: Eine moralisierende Tendenz steckt in jeder Form von Kulturimperialismus. Somit wird eine ethische Dimension erreicht, welche unter Umständen politische Exzesse a priori entschuldigen kann.

Vetter: Und Sie wollen mit Ihrem Programm da entgegenwirken, weil Sie nicht moralisieren und auch nicht erzieherisch wirken wollen? Aber wie bringen Sie das in Einklang mit Ihrer eigenen Überzeugung? Ich meine, tun Sie es bis zu einem gewissen Grad auch dem deutschen Staat zuliebe? Schließlich nehmen Sie zur Zeit, auf einer Tournee, eine öffentliche Funktion wahr.

Kagel: Ich wirke seit siebzehn Jahren in Deutschland und bleibe für unabsehbare Zeit dort. Dies verpflichtet mich, vor allem kulturpolitisch, zu unmißverständlichen Stellungnahmen. Aber auch in Argentinien, vor 1957, habe ich mich offen engagiert und als Berater der Universität von Buenos Aires Kulturarbeit für 25000 Studenten gemacht. Meine Planung – hauptsächlich Musikprogramme und ihre Durchführung sowie Vorträge – war stets darauf gerichtet, Auseinandersetzungen durch *umfassende* Information auszulösen. Den anderen einseitige Vorstellungen von »Kultur« aufzuzwingen, führt meiner Meinung nach zu Katastrophen. Und noch konkreter zu Ihrer Frage, warum ich eine »öffentliche Funktion« wahrnehme: zuallererst, weil ich glaube,

daß es unbedingt notwendig ist, eingefleischte Ansichten über Traditionsgewohnheiten in der Beurteilung europäischer Musik in Frage zu stellen. So lange der Boden brüchig bleibt unter jenem, was man als kulturell »besonders wertvoll« anerkennt, so lange erhält alles Neue zunächst eine Chance, sich Gehör zu verschaffen. Weiterhin finde ich es lohnender, Formen, die existieren, zuzuspitzen und auf diese Weise durchlässiger zu machen, als sie wegen Starrheit abzulehnen. Und dies scheint mir nur möglich, wenn man den Rahmen benutzt, den Organismen wie Rundfunk, Fernsehen oder Goethe-Institut geschaffen haben.
Gestern war zum Beispiel in Tokyo ein Publikum versammelt, von dem ich nur wußte, daß es für uns *enigmatisch* und von sich aus fatalistisch sei. Durch die Spannung der Teilnahme wurde mir aber die große Chance, die wir haben, nochmals deutlich, durch einen Informationsapparat vom Ausmaß des Goethe-Instituts »Fremden« Fremdes anzubieten. Es gibt wahrscheinlich nichts, was man anderen Menschen nicht vorspielen kann, wenn dies mit Niveau geschieht. Man soll daraus die Konsequenzen ziehen und nicht aus Angst etwas von der Planung ausschließen.

Vetter: Wenn Ihr Programm so offen und spontan verständlich ist, dann kann ich jetzt kaum noch die Frage stellen, ob Sie es für sinnvoll halten, in Anbetracht eines enormen soziokulturellen Gefälles etwa zwischen Tokyo, Kalkutta, Ankara oder Athen eine derartig große überregionale Tournee durchzuführen. Glauben Sie, daß überhaupt keine kulturelle Vorleistung erbracht werden muß?

Kagel: Die Vorleistung wird nicht erwartet, aber trotzdem findet immer eine kulturelle Auseinandersetzung statt. Es geht nicht darum, den Leuten etwas zu bringen, das fremd ist, damit sie Neues kennenlernen, sondern vor allem etwas zu geben und es so darzustellen, daß die Zuschauer es mit den Mitteln ihrer *eigenen* kulturellen Maßstäbe weiterverarbeiten können. Man muß entsprechende Stücke oder Interpreten aussuchen, wenn man die Wirkung einer solchen Auseinandersetzung einplanen will. Konsequenterweise sollte man auch eine Fortsetzung dieser Tournee mit anderen Spielern und Werken vorsehen, damit unser Programm nicht ein Tropfen bleibt.

Vetter: Ich denke zum Beispiel an Ihren Film »Ludwig van«, der an vielen deutschen Kulturinstituten in der ganzen Welt gezeigt wurde. Weil das kulturelle Heiligtum Beethoven darin angekratzt wird, reichten die Reaktionen von empört bis belustigt. Der Aspekt, der in dem Film drinsteckt und der in dem Programm, mit dem wir jetzt reisen, ebenso präsent ist, müßte meines Erachtens viel stärker und konsequenter herausgearbeitet werden. Sollte man nicht unsere »Kulturpotenz«, von der wir ewig zu zehren glauben, immer wieder in Frage stellen? Diese Herausforderung müßte noch intensiver betrieben werden. Kulturelle, künstlerische Eigenleistung steht oft in einem Widerspruch zur kulturellen, kulturpolitischen Programmatik, die von den offiziellen oder offiziösen Trägern der Bundesrepublik betrieben wird. Man hört immer wieder den Vorwurf, daß der Apparat der Kulturfunktionäre den Anstrengungen der Kulturmacher oder Künstler nicht aufgeschlossen genug gegenübersteht. Wie sehen Sie dieses Problem?

Kagel: Einer der Aspekte, die mich in Deutschland immer fasziniert haben, ist, daß, obwohl die deutschen Institutionen nach außen hin starr und »preußisch« aufgebaut sind, die Natur ihrer Starrheit einen unvermeidlichen Erneuerungsgrad mit einbezieht. Sicher ist dies eine dialektische Betrachtungsweise des Problems und kann angefochten werden. Aber ich möchte noch bemerken, daß die Institutionen genau das widerspiegeln, was deutsche Kulturmanager seit der Renaissance stark kennzeichnete: ausgeprägte Neugierde, auch oder besonders für das Geschehen außerhalb der eigenen Grenzen, und ein unprovinzieller Sinn für den Informationswert von Information. Wenig erschreckt die Deutschen mehr, als sich ausgeschlossen zu fühlen, und zwar nur, »weil-sie-nicht-Bescheid-wissen«. Deshalb ist es ziemlich wichtig gewesen, den Informationshunger in Deutschland nach 1945 möglichst schnell zu stillen. Erst dann konnte eine normale Auseinandersetzung mit der gängigen Kulturindustrie beginnen. Leider wurde auch dann das Konsumieren des Angebots immer gemütlicher und die Angebote nicht minder konsumierbar. Aber hier sind die Macher selbst schuld. Ich finde, daß der einseitige Vorwurf an die Funktionäre etwas zu plump ist, so lange man vergißt, daß zum Wesen der produktiven Anregung eine substantielle Argumentation, ein ständiger Dialog mit Verwaltung und Rezipierenden gehört. Sicher ist der bürokratische Apparat langsamer als diejenigen, die fortwährend versuchen, die Vorzeichen der Betrachtung immer anders zu artikulieren. Aber schlimm genug wäre es, wenn die Bürokratie sich schneller als die Macher einschalten würde. Es gibt dafür schon böse Beispiele in Ost und West.

Vetter: Wir befinden uns im Hikari-Expreß auf der Reise von Tokyo nach Osaka/Kyoto. Rechts von uns liegt der Fudschijama. Wir haben bisher noch wenig Zeit gehabt, Reiseeindrücke zu verdauen. Was sind für Sie, nach Ihren bisherigen Eindrücken, typische Japan-Klischees?

Kagel: Mich interessiert Japan außerordentlich, weil ich ein Architekturnarr bin. Das war einer der Gründe, weshalb ich mich sehr freute, hierher zu kommen. Durch die geographischen Umstände gezwungen, haben die Japaner ihre Version von Megalopolis bereits vor 300 Jahren entwickelt. Und nun ist dieses ein Land, wo zwar die Menschen aufeinanderhocken, die aber eine Architektur des *leeren* Raums erfunden haben. Dies scheint mir jedenfalls aufregend, weil es auf einer Vorstellung beruht, die auf geopolitische Gegebenheiten mit gesundem Menschenverstand reagiert. Die Idee, daß der Japaner nach Hause geht und einen leeren Raum vorfinden kann, ist wohltuend, weil er draußen ständig Überfülltes erlebt. Also: stopft man den Raum nicht voll, er wird größer.

Vetter: Das widerspricht aber doch dem Verhältnis des Japaners zur Natur. Wir sehen nun doch täglich, wie er seine Pflanzen und Bäume verkünstlicht, zur Architektur umformt. Auf der einen Seite, in seinem Lebensraum, hat er eine Antiarchitektur geschaffen, und in der Natur schafft er sich eine künstliche Architektur.

Kagel: Ja, diese ist eine Ergänzung dessen, was ich meinte. Hier sieht vieles nach verbrannter Erde aus, nach einer Erde, die völlig ausgelaugt ist, und nun pumpt der Japaner zweierlei hinein. Zuerst Dünger, damit die künstliche Fruchtbarkeit nicht aufhört und dann künstliche Landschaften, die die Häßlichkeit der Erde zu verschleiern helfen. Sie können es hier selbst sehen, die Landschaft zwischen Tokyo und Osaka ist meistens ein hoffnungsloser Natur-Slum.
Tokyo – mit seiner eigenwilligen Mischung von Warschau und Chicago – hat mich erschreckt. Einerseits die graue, streng kapitalistische Architektur sozialistischer Staaten,

andererseits die modernen optimistischen Fassaden des Westens. Und schließlich noch eine Bestätigung meiner alten These: die Nachahmung des Europäischen führt zu noch größerem Exotismus. Je mehr man zum Beispiel die Amerikaner nachahmt, desto krasser werden die vorhandenen Unterschiede. Das wird im modernen Japan und seiner nachempfundenen Produktion vom American-Way-of-Life zum Teil deutlich. Die Verhärtung der ursprünglichen Strukturen wird tatsächlich spürbar, wenn eine Kultur sich äußerlich so an das Ausländische anpaßt wie die japanische. Allein der Wunsch einer Verwandlung bedeutet eine Form der Zerstörung.

Vetter: Dort ist der Fudschijama! Ein kleiner Wolkenkranz um den mittleren Teil des Berges, wie mit Wasserfarben auf Stoffbildern hingepinselt. Und darunter riesige Fabrikanlagen mit endlosen Arbeitersiedlungen.

Kagel: Nun, denken wir daran, wie es wahrscheinlich vor 50 Jahren war; die klassische Postkartenansicht, vom Fudschijama bis zur Küste ein Meer von Kirschblüten mit hellblauem Himmel und luftigen Wolkenwürstchen. Und heute vom Berg bis zum Ufer Ölraffinerie neben Ölraffinerie, eine einzige Betriebshalle von etwa 40 Kilometer Länge, die nahtlos in andere Industriegebiete übergeht. Und die Fabriken produzieren auch Wolken, die sich zum üblichen Smog addieren und die sich makabrerweise so um den Fudschijama legen, daß man glauben könnte, der romantische Eindruck wäre echt.

Vetter: Das ist die Zerstörung einer Illusion und eines Tourismus-Klischees. Aber es gibt da noch so viele andere vorgeprägte Einstellungen. Wie erklären Sie sich das verwun-

derlich enge Verhältnis der Japaner zur westlichen Musik? Die westliche Musik wird in Japan ja geradezu angebetet.

Kagel: Dafür gibt es, glaube ich, sehr konkrete Gründe. Einer scheint mir wichtig: der Wohlstand einer industriellen Gesellschaft ermöglicht und fördert eine Betriebsamkeit im Musikleben, die ebenfalls industrielle Züge trägt. So war die erste industrielle Revolution in Europa zugleich eine Revolution in der Durchführung und Interpretation der ernsten Musik als besonderem Clou von Unterhaltung. Die Bourgeoisie erfand die Formen, die ihr adäquat waren, und diese Formen basierten auf einer industriellen Vervielfältigung von Musik. Das Symphonie-Konzert ist typisch dafür. 90 Musiker, die zusammenspielen, sind mehr als 90 Einzelpersonen. Sie stellen für den Laien einen fast unübersehbaren Mechanismus dar, der nach Belieben Musik reproduzieren kann. Die Aufführung von Musik steht so im Zusammenhang mit einem Denken, das für Produktion und Erfolg industrielle Maßstäbe einsetzen kann.
Bereits im 18. Jahrhundert beginnt der Unterhaltungswert ernster Musik zu steigen. Im 19. Jahrhundert wurden dann die Richtlinien des Musikkonsums auf breiter Front festgesetzt. Und schließlich haben wir im 20. Jahrhundert immer noch gegen die Mißverständnisse zu kämpfen, die das vorige Jahrhundert durch Geringschätzung heraufbeschworen hat. Unterhaltung, eine eminent brisante Form von Kultur, wird immer noch verleumdet, und zwar gerade von jenen, die das Ernste des Musiklebens zu verwalten haben.
In Japan hatte ich zunächst den Eindruck, daß die ernste Musik zumindest massenbewußter begriffen wird. Daß Äußerlichkeiten dadurch auch zum Inhalt werden können, ist selbstverständlich. In diesem Lande herrscht nicht so sehr ein Glaube an westliche Musik, sondern die Mystik jed-

weder Veranstaltung, die von einer großen Menge besucht werden kann. Ursprünglich finanzierte das europäische Bürgertum, wenn auch auf indirekte Weise, die Wünsche des Komponisten nach Oper und Konzert, aber diese Wünsche wurden wiederum vom Bürgertum beeinflußt, weil es Unterhaltung brauchte. Es baute zugleich jene Kulturpaläste, in denen man über die geistigen Geschäfte seiner Zeit informiert werden konnte. Den Japanern ist unser Zeremoniell wenig vertraut, dafür um so mehr alles, was mit Zeremonie zu tun hat. Und nun wird eine Musik sehr spät entdeckt, die auf Formen basiert, wie sie hier gerade gebraucht werden, weil man das Bestreben hat, ein bildungsbeflissenes Bürgertum asiatischer Prägung zu bilden.
Und unsere Musik unterstützt in idealer Weise das Bedürfnis nach kultivierter und doch kollektiver Unterhaltung. Wesentlich für Japan heute scheint mir das Kollektiverlebnis zu sein, welches kaum als Realität einer sozialistischen Gemeinschaft verstanden wird, als vielmehr – mit geringem Widerstand – die Massenabfertigung der Menge ermöglicht. Individuelle Wünsche kann man hier kaum berücksichtigen.

Vetter: Es ist für mich immer noch nicht ersichtlich, warum der Japaner sich mit westlicher Musik kulturell befriedigen will.

Kagel: Westliche Musik ist für Japaner exotische Musik. Sie zu genießen, ist – ähnlich wie bei uns – Zeichen höheren Geschmacks.

Vetter: Aber das widerspricht doch auf der anderen Seite der Zen-Tradition und der japanischen Meditation?

Kagel: Zugleich haben japanische Musik und japanisches

Theater einen grundlegend verschiedenen Unterhaltungscharakter. Westliche Musik kann für asiatische Ohren durchweg verwirrend heiter klingen. Wir sind gewöhnt, Affekte in musikalische Effekte umzusetzen, aber vermeiden grundsätzlich, daß das Resultat künstlich wirkt. In Japan ist es genau umgekehrt. Zur gekünstelten Darstellung gehört kunstvolle Distanz.

Vetter: Das ist für Sie also die Motivation?

Kagel: Wie ich bereits erwähnte, ist die exotische Wirkung unserer Musik auf asiatische Ohren beträchtlich. Natürlich bleibt der kulturelle Befriedigungsprozeß nicht auf Musik beschränkt, er wird auch von anderen Manifestationen westlicher Kultur erwartet. Auch der westliche Mensch verfällt immer wieder dem Traum, er könne in der morgenländischen Philosophie und Lebensweise die Wahrheiten finden, die ihm helfen, die abstrakte Wahrheit zu konkretisieren. Und diese Wahrheitsfindung, ja bereits der Akt des Suchens, würde dazu führen, daß er sich besser kennenlernt, besser beherrscht und zu vollkommenem Glück und Integration findet. Das ist eher die Kombination einer Wunschvorstellung mit der Sehnsucht nach der Ferne. Ein bißchen Reiseagentur spielt in dem Traum einer fernöstlichen Erlösung immer eine Rolle.
Ich bin kein Freund von Asien als ständig wiederkehrendem Geheimtip und Kulturersatz für den westlichen Menschen. Eine kontinuierliche, monumentale Auseinandersetzung mit der Wahrheit an sich kann man genauso gut in der westlichen theologischen Literatur und Kulturphilosophie finden. Bei Erasmus, Spinoza, Meister Eckart oder Martin Buber sind Begriffsverknüpfungen und Methoden der Verklärung beschrieben, die in Ansatz und Haltung mit indi-

schen, japanischen oder sogar chinesischen Theologien starke Ähnlichkeit zeigen. Man darf sich bloß nicht von dem anders riechenden Weihrauch betrügen lassen.

Vetter: Ja, es ist aber eben ein »anderer« Weihrauch.

Kagel: Ich will nicht vergleichen, sondern folgendes sagen: dieses Sich-nach-Asien-Zurückwenden hat etwas vom vergeblichen Suchen nach einsamen Inseln, nach dem Garten Eden. Da ich weiß, daß die Realität unendlich viel härter ist, bin ich gegen solche Ersatzträume. Mit Wunschvorstellungen vom Glück erreichen wir meistens die Kehrseite der Medaille. Vielleicht findet man vorübergehendes Entzükken, ähnlich wie mit Haschisch. Ich meine damit aber keineswegs, daß man zur Verbreitung der asiatischen Kultur Mühen scheuen sollte. Im Gegenteil: je intensiver und gründlicher alles Fernöstliche bei uns kennengelernt wird, desto größer sind die Chancen, folkloristische Kenntnisse zu gewinnen, mit denen man tatsächlich operieren kann. Es ist naiv, zu erwarten, daß außereuropäische Kulturen westliche Probleme lösen helfen, wenn man nicht weiß, wie wenig erfolgreich asiatische Philosophien in ihren Ursprungsländern sind. Ich meine damit die institutionalisierte Ohnmacht gegenüber sozialer Misere und westlichen Wachstumskrankheiten in den meisten Ländern Südostasiens und des indischen Subkontinents.
In Zusammenhang mit Musiktherapeutik sieht es nicht anders aus: um mit außereuropäischen, ursprünglichen Heilmethoden umgehen zu können, muß man einen hohen Reifegrad erreicht haben.

Vetter: Ich habe jahrelang in Asien gelebt. Dort ist der Reifeprozeß, die Suche nach Verwirklichung von Wahrheit oder des eigenen Ich ein grundlegend anderer als im Abendland. Aber in Japan läßt sich das kaum noch erkennen. Japan ist, wenn man das restliche Asien kennt, in dem Sinn gar nicht asiatisch.

Kagel: Der Eifer der Japaner und vor allem diese ganz tief sitzende Angst erinnern mich auch an Europa und an Deutschland. Es ist natürlich ein Gemeinplatz, wenn man von den Preußen Asiens spricht. Man sollte lieber von »Asien-Preußen« sprechen. Der japanische Wirklichkeitssinn stellt sich hier in Formen dar, die eigentlich für uns verborgen bleiben; er gewinnt jedoch Einfluß und Spielraum durch Kontakte mit Fremden. Frappierend ist in Japan die Übernahme von westlichen Denkmethoden in der Wirtschaft und Industrie mit gleichzeitigem Festhalten an hierarchischen Strukturen in allen Bereichen. Nicht, daß der Westen Unhierarchisches vermitteln würde. Aber hier geschieht etwas Besonderes: eine vortreffliche Anwendung westlicher Methoden trägt zur Befestigung feudaler Systeme bei.

Das Innere des Landes zum Beispiel ist noch von einer unsichtbaren Mauer umgeben, und der Japaner bleibt verschlossen wie eh und je. Gleichzeitig haben sie vorsichtig zu lernen begonnen, mit fremden Kulturmaßstäben umzugehen. Aber im Grunde ist dies eine Situation von offenkundiger Kontaktarmut.

In Deutschland findet man vollkommen andere Ausgangspunkte, weil einer der Wesenszüge deutscher Kulturgeschichte zeigt, daß man Ausländischem gegenüber nicht feindselig eingestellt sein soll, weil es dem Lande etwas geben kann. Geschieht es so, dann wird es auch angenommen. Der Geist von Geben und Nehmen, von Export/Import hat sehr früh Bereiche beeinflußt, die nicht unmittelbar mit Handel zu tun hatten. Man lud lieber italienische Architekten nach Deutschland ein, um Paläste zu bauen, anstatt sie zu kopieren. Man verschloß sich selten fremden Kulturen, sondern integrierte sie, und auf diese Weise wurde die Krise überwunden. Zweifellos eine elegante Form, das Problem des Einflusses zu lösen.

13. Januar. 3.00 Uhr nachmittags. Ankunft Osaka. Der gleiche imposante Alptraum wie Tokyo. Graue Häuserfronten, alles ist auf engsten Raum zusammengezwängt zwischen schmalen Straßen. Auf großen einstämmigen Sockeln laufen die Highways, der Verkehr spielt sich auf drei verschiedenen Fahrbahnebenen ab. Die Menschen sind hastig, freundlich, wenn man sie anspricht. Man hat in diesen farblosen Riesenstädten Japans den Eindruck einer ungeheuren Monotonie, es fehlen breite Boulevards, es fehlen Parks, es fehlen Bäume; wenn Bäume da sind, dann sind sie zurechtgestutzt auf japanische Gartenkultur. Tausende von kleinen Lokalen; Hektik, die keineswegs chaotisch wirkt, sondern diszipliniert und organisiert. Die Polizisten zuckeln auf Fahrrädern durch die Straßen; die Bilderbuchexotik des Fernen Ostens ist im japanischen Stadtalltag nicht zu finden. Die meisten Männer tragen dunkle Anzüge und einfarbige Krawatten.
Abends im Goethe-Institut Aufführung von »Tactil«. Anschließend Diskussion mit japanischen Musikkritikern; davon Auszüge:

Frage: Haben Sie die Absicht, eine gewisse Primitivität darzustellen?

Kagel: Wenn man Primitivität mit Nacktheit, oder besser mit Nackedei, assoziiert, dann vielleicht ja. Aber Nacktes ist in diesem Stück ein dramaturgisches Element. Man würde den Unterschied am besten merken, wenn wir angezogen spielten. Oft fragen Zuhörer, ob wir halbnackt auftreten, weil es exotisch wirke. Weiter hat man von Exhibitionismus gesprochen. Letzterer ist sicher vorhanden, aber sobald wir mit den Aktionen beginnen, spürt man, wie falsch es wäre, wenn wir nicht mit freiem Oberkörper spielten. Wir werden deshalb heute Beispiele bringen, in denen wir angezogen auftreten, damit es klar wird, wie weit man mit den Augen hört. Aber das Wort Primitivität, glaube ich, kann man in diesem Zusammenhang nicht anwenden. »Tactil« ist kein Stück, das im dekorativen Sinn primitiv ist, sondern eher eine Komposition, die elementare Vorgänge benutzt, um unter anderem zu zeigen, welche Komplexität mit einfachem Material erreicht werden kann.

Frage: Einer der Zuschauer hat während der Aufführung die Augen geschlossen, trotzdem hat er nur vom Akustischen her die magische Wirkung gefühlt. Was sagen Sie dazu?

Kagel: Was Sie meinen, ist vielleicht etwas, das mit der ursprünglichen Wirkung von Musik zu tun hat. Ich stimme in diesem Punkt zu und behaupte sogar, daß das Stück eigentlich eine hypnotische Ausstrahlung besitzt. Aber es ist nicht unsere Absicht, einen Klangrausch hervorzurufen, sondern äußerst zart jene Kräfte des Hörbewußtseins, das in allen Hörern vorhanden ist, zu wecken, damit man Vorurteile abbaut und mit »unbelasteten« Ohren hört.

Frage: Es wird gefragt, ob jemand eine dirigierende Rolle spielt?

Kagel: Das Stück besteht aus vier Abschnitten. In jedem Abschnitt gibt es einen dominierenden Rhythmus, der immer gleich bleibt, aber durch verschiedene Klangfarben und Artikulationsformen variiert wird. Keiner von uns dirigiert, aber wir haben gelernt – da die Aufführungszeit offen ist –, daß, wenn einer der drei Spieler mit dem nächsten Abschnitt einzusetzen wünscht, ihm die anderen folgen. Sobald wir mit der Aufführung beginnen, spüren wir, wie intensiv und konzentriert oder flau und quälend wir spielen werden.

Und nun besteht ein wesentlicher Teil der Spannung darin, diese unterschiedlichen Temperamente der drei Mitwirkenden und die vielleicht unterschiedlichen Auffassungen von dem, was im Augenblick der Darbietung geschieht, miteinander in Einklang zu bringen. Wir haben gelernt, daß es nicht ein Konflikt der verschiedenen Persönlichkeiten ist, den es zu lösen gilt, sondern daß jeder Respekt und Verständnis für die Auffassung des anderen haben muß. Erst wenn wir uns gegenseitig empfinden und verstehen, kann eine echte musikalische Spannung erzeugt werden. Nicht eine, die konfliktgeladen ist, sondern eine, die *musikalisch* spannungsvoll ist. Der Unterschied zur improvisierten Musik besteht darin, daß hier die musikalischen Verläufe nicht in orgasmischen Höhepunkten gipfeln, weil die Musiker sich auf der Bühne abzureagieren trachten und dabei den Umweg einer öffentlichen Schau wählen. Anders ausgedrückt: in einer Improvisation gerät der Musiker häufig in einen Zustand, der ihn dazu verführt, mit seinem Instrument »Liebe« zu machen. Es gibt kaum eine Stufe zwischen apathischer Ruhe und cholerischer Vorführung des Orgasmus. Meistens entsteht so eine Art von musikalischer Schwarz/Weiß-Tonmalerei. In der rein improvisierten Musik fühlt sich der Musiker gezwungen, sich als Mensch zu zeigen, aber so, daß er Konflikte darstellen muß um der Spannung des Zuhörers willen. Diese Spannung brauchen wir nicht, da wir zwar improvisieren, aber von einem bereits vorgegebenen Zustand aus.

Sonntag, 14. Januar: Kyoto

Vetter: Gestern abend wurde »Tactil« in Osaka aufgeführt, und anschließend gab es eine Diskussion. Was halten Sie von dieser Veranstaltungsform?

Kagel: Die Diskussion war gut, nur das Drum und Dran etwas schwerfällig, da jeder Satz ins Japanische oder Deutsche übersetzt werden mußte. Dadurch wurde die Kommunikation nicht leichter, und einiges blieb in Anbetracht des Verfahrens unausgesprochen. Die Simultan-Übersetzung einer United-Nations-Sitzung wäre angenehmer gewesen.

Vetter: Welche Möglichkeiten sehen Sie überhaupt, mit den japanischen Komponisten und Musikkritikern zu einem ergiebigen Gespräch zu kommen? Finden Sie es sinnvoll, bei derartigen Übersetzungsschwierigkeiten eine rein interpretatorische, musiktheoretische Diskussion durchzuführen? Wäre es nicht besser, mehr Demonstrationsbeispiele zu bringen?

Kagel: Wir kamen auf die Bühne mit der festen Absicht, einige Abschnitte von »Tactil«, zwar nicht halbnackt, sondern diesmal angezogen, zu spielen. Aber im Verlauf der Diskussion sah ich, daß es nicht richtig gewesen wäre, abzubrechen, um die Übungen vorzuführen, weil die Zuhörer ein lebhaftes Gespräch wünschten. Man glaubt immer, daß Musik des Wortes nicht bedarf, aber das ist nur bedingt der Fall. Und ich spürte in Osaka wieder, daß die Menschen letztlich auch kamen, weil sie wußten, daß ein Gespräch dem

Konzert folgen würde. Man muß in Kauf nehmen, daß eine Diskussion gewissen Schwierigkeiten und Mißverständnissen unterworfen ist, aber dies finde ich anregender als ex cathedra zu spielen und unmittelbar danach zu verschwinden. Damit erreicht man bloß einen Bruchteil dessen, was man erreichen kann, wenn man auch mit den Zuhörern spricht. Und nicht zuletzt: das Goethe-Institut ist keine Konzertagentur, die lediglich Veranstaltungen vermitteln soll. Die Zuhörer, die auf Einladung des Goethe-Instituts kommen, haben Anrecht auf einen engeren Kontakt mit den Mitwirkenden.

Vetter: Glauben Sie, daß in diesem Fall die Kommunikation auch tatsächlich funktionierte? Wie fanden Sie die Fragen der Kritiker? Glauben Sie, daß Sie verstanden wurden?

Kagel: Ich verstehe Japanisch nicht, um zu wissen, wie die Übersetzung tatsächlich war und ob sie meine Denkweise treu wiedergab. Ein großer Teil der Fragen war konkret und bedurfte meinerseits konkreter Antworten. Ob diese konkreten Antworten wiederum im Sinne des blumenhaften japanischen Denkens waren, wage ich zu bezweifeln. Mit anderen Worten: wenn ich mit größtmöglicher Klarheit formuliere, so kann es sein, daß diese Klarheit, ins Japanische übertragen, zu hart und unhöflich klingt. Und leider ist dies wahrscheinlich der Fall gewesen. Wenn Sie wenig Englisch, Deutsch oder Französisch sprechen, aber gewisse Lokutionen dieser Sprachen beherrschen, dann können Sie komplexe Zusammenhänge erklären und sich gut verständlich machen. Es genügt zunächst, daß Sie ein begrenztes Vokabular plus wesentliche Modismen sprechen. Nicht so im Japanischen. Hier ist ein Denken notwendig, das sich in der Syntax der Sprache kaum niederschlägt. Man muß die Schärfe und

Exaktheit des Japaners haben, aber diese stets durch die Blume aussprechen. Ein hoffnungsloses Unterfangen!

Montag, 15. Januar 1973: Kyoto

Vetter: Wie wichtig ist für Sie Kommunikation? In Ihren bisherigen Kompositionen sieht man immer wieder eine Auseinandersetzung mit verschiedenen Traditionen und Ambienten. Wie weit ist in diesem Bereich Kommunikation für Sie etwas Entscheidendes?

Kagel: Kommunizieren ist ein wesentlicher Teil meiner Arbeit, schon allein durch die Tatsache, daß musikalische Komposition keine Tätigkeit für den Privatgebrauch sein kann. Ob man Töne oder Worte verwendet, ist gleich, solange nachvollziehbare Gedanken mitgeteilt werden. Hören ist Denken. Und dieses Denken kann als Lernprozeß aufgefaßt werden, der einen zusätzlichen Dialog nur intensiver macht. Musik allein genügt nicht, wenn sie die kulturellen Anhaltspunkte des Zuhörers sprengt. Dann muß man mit dem Wort nachhelfen. Allerdings scheint mir der westliche Mensch häufig an Überkommunikation zu leiden. Ich glaube, daß ein Teil der Sehnsucht in Richtung einer aktiven Einsamkeit gehen sollte.

Vetter: Ich höre das Wort »denken«, und soweit ich Sie nun kenne, weiß ich, daß Sie die Fragen stets betont intellektuell und analytisch untersuchen. Wie empfinden Sie den Gegensatz zu den Asiaten, die ihren Kunstbegriff nicht primär intellektuell definieren und analysieren?

Kagel: Der Begriff vom »Intellektuellen« ändert häufig seinen Stellenwert und seine Bedeutung. Peruanische oder thailändische Intellektuelle haben wahrscheinlich mit französischen oder westdeutschen Kollegen wenig gemeinsam. Nicht nur in der Art, wie jeder mit dem Wort umgehen kann, sondern auch, wie er mit der kulturpolitischen Wirklichkeit seines Landes umzugehen weiß oder umzugehen gezwungen wird. Anders ausgedrückt: bediene ich mich eines bestimmten Vokabulars oder bestimmter Denkformen, die nicht irrationale, sondern rational-logische Denkprozesse anregen, so muß ich in Asien versuchen, die grundlegenden Unterschiede zu Europa in meinen Ideen zu berücksichtigen. Tue ich das nicht, dann laufe ich Gefahr, in Japan »japanisch« zu sprechen. Es handelt sich keineswegs um eine intuitive Übernahme von exotischen Denkweisen, um eine oberflächliche Anpassung. Dies wäre vergebliche Liebesmüh. Nein, ich muß versuchen, mit äußerster Klarheit zu formulieren, ohne die Komplexität der Ideen preiszugeben.

Vetter: Ich bin da nicht ganz Ihrer Meinung. Der Grundansatz von Intellekt ist doch das logische Denken. Daraus resultiert unser Wahrheitsbegriff, den wir zu realisieren versuchen; durch unser Handeln, das durch unser analytisches Denken bestimmt wird. Der Grundansatz in verschiedenen asiatischen Ländern ist aber im Gegenteil das Emotionale, das völlig Undefinierte, nicht durch logisches Denken Analysierte, das Irrationale.

Kagel: Ich glaube nicht, daß Sie recht haben. Wir sahen heute den Steingarten von Kyoto: ein anschauliches Beispiel von intellektuell konzipierter Architektur. Drei Mauern umgeben einen Platz, auf dem sich fünf oder sieben unregelmäßig verteilte Steine befinden. Es sind keine besonders großen oder kleinen Steine, sondern von gleichgültigem Format und einer fast gewöhnlichen Häßlichkeit. Aber sie schweben in einem flachen Meer von schneeweißem Kies. Der Mann, der diesen Garten schuf, wollte, mit der preziösen Umgebung, die er für die schmucklosen Steine geschaffen hat, auf die Möglichkeiten hinweisen, die wir alle zur Hand haben. Im Grunde keine naiv nachempfundene, sondern eine typisch intellektuelle Problemstellung. Und damit möchte ich folgendes sagen: die Monumente, Tempel und Gärten, die wir in Kyoto sehen, sind Resultat einer geistigen, bis ins letzte Detail durchdachten Haltung und entstehen aus einer intellektuellen Annäherung zur Sache. Auch ich habe eine solche Haltung. Aus solchen Überlegungen akzeptieren die Japaner nicht die Natur, wie sie ist. Sie erfinden ihre Natur. Und das erfordert einen intellektuellen Einsatz par excellence.

Vetter: In diesem Zusammenhang möchte ich gerne noch eine Frage stellen: Kommunikation dient dem Zweck des Verstehens und muß dialogisch sein. Das haben wir auch bei der Diskussion in Osaka gesehen; das war trotz der Übersetzungsschwierigkeiten eine sehr dialogische Diskussion. Aber wir stehen ja immer wieder vor der tourneebedingten Aufgabe, daß wir damit einen kulturellen, kulturpolitischen Zweck erfüllen müssen. Was verstehen Sie unter dem Begriff »Kultur«?

Kagel: Kultur ist die Summe von alldem, was wir machen oder vermitteln. Man soll diesen Begriff in seiner anthropologischen Bedeutung betrachten, als Totale der gesellschaftlichen Organisation, ein Gesamtbild ihrer ökonomischen und intellektuellen Systeme. Was wir hier machen, könnte man als Schenken ohne Anlaß definieren. Schenken als übergeordnetes Prinzip. Oder ist unsere Bescherung anderen Prämissen untergeordnet? Es sind keineswegs Konzerte mit Musik von Kagel, die wir bestreiten, sondern Kulturspenden der Bundesrepublik im Namen des Goethe-Instituts. Möge die Belohnung politischer Natur sein, die Zuwendung sprengt bestenfalls nicht den Rahmen intellektueller Neugierde. Dies bedeutet, wie es so oft bei Geschenken der Fall ist, daß man Eigenartiges mitbringt. Ein Andenken, damit die Zuhörer angeregt werden, engere Kontakte mit der Bundesrepublik zu knüpfen. Oder? Man muß jedoch mit äußerster Bescheidenheit und mit Respekt für die Tradition des Landes geben. Da ich in Südamerika geboren bin, kenne ich die Empfindungen der Außereuropäer beim schwierigen Nehmen nur zu gut. Man registrierte dort sehr aufmerksam, ob die europäischen Intellektuellen Interesse hatten für das, was im Lande geschah, oder nicht.

Kulturimperialismus betreiben, bedeutet mit Sicherheit, in einem provinziellen Niveau enden, das sich immer einstellt, wenn man glaubt, daß das, was man macht, eine allgemeingültige Resonanz erreichen muß. Schon deswegen ist größte Bescheidenheit geboten, als Ansatz für eine wirklich aufrichtige Auseinandersetzung. Wir dürfen unter keinen Umständen an eine Kulturvertretung glauben, die im Sinne des Marshall-Plans für das Kulturleben dieser Länder fruchtbar sein soll.

Vetter: Sonst hätten Sie diese Tournee nie gemacht . . .

Kagel: . . . nein.

Vetter: Aber Sie stimmen zu, daß das Prinzip der Schenkung in Entwicklungsländern sehr problematisch ist. Gibt es irgendeine Alternative?

Kagel: Ich habe das Wort Schenkung benutzt, um Sie zu

provozieren. Aber letztlich ist es doch eine Gabe, da wir weder verpflichtet sind, genügend Einnahmen zu machen, noch irgendwelche Auflagen haben den kulturellen Kontext des Landes in unserer Planung zu berücksichtigen. Ich möchte nun dafür plädieren, daß man dies in Zukunft anders macht.

Vetter: Wem und wo sollten wir durch diese Tournee etwas schenken? Würden Sie es vorziehen, manche Länder auf dieser Tournee vom Aufführungsplan zu streichen und dafür andere stärker zu berücksichtigen?

Kagel: Dies ist eine Frage, die wir bis zum Ende der Tournee aufsparen sollten, denn ich weiß augenblicklich noch nicht, ob meine Erfahrung ausreicht, um eine fundierte Antwort zu geben. Aber etwas habe ich bereits gelernt: wenn einige intellektuelle Gruppen von unseren Aufführungen aktiv profitieren, und zwar durch die vermittelte Information, dann ist viel erreicht. Wir haben zunächst für eine Konfrontation mit anderen Formen von Musik gesorgt. Und das, wofür sich die Leute wirklich interessieren, ist, wie wir es machen. Nun sollten wir die Fragen, die das Handwerk betreffen, deutlich beantworten. Damit ist der unmittelbare Sinn unserer Arbeit klar umrissen: *Auskunft geben.*

Dienstag, 16. Januar: Weiterflug von Tokyo nach Seoul/Südkorea

Montag, 22. Januar 1973: Hongkong

Vetter: Herr Kagel, seit unserer Abreise aus Tokyo sind sieben Tage vergangen: dazwischen lagen Aufführungen in Seoul, Manila und Hongkong. Können Sie Ihre Eindrücke wiedergeben, Vergleiche ziehen zwischen diesen Aufführungen?

Kagel: Ich glaube, daß in Seoul die schönste Aufführung stattfand, weil wir dort in einem Amphitheater spielten und deswegen ein enger Kontakt mit dem Publikum von vornherein gesichert war. Außerdem faßte der Saal des dortigen Drama Centers über 600 Personen, und er war überfüllt, die Menschen saßen in den Gängen. Wenn man so eine Bereitschaft, welche nicht kritiklose Zustimmung bedeutet, findet, dann steigert sich beim Ausführenden die Notwendigkeit, sich mitzuteilen. Man spürt sofort, daß die Anwesenden nach Sehen und Hören hungern. Die Form des Raumes erlaubte uns, mit geringer Anstrengung deutlicher und schärfer darzustellen und die dubiose frontale Gegenüberstellung wegen der großen Trennung zwischen Spielenden und Zuschauern zu vermeiden.
In Manila war die Situation grundsätzlich anders: wir spielten in einem der schönsten Säle Asiens, in einem mit allen Schikanen ausgestatteten, aber für die Philippinen überdimensional luxuriösen Theater. Es kam zu neunzig Prozent junges Publikum. Übrigens war es auch hier eine Überraschung und für die Bilanz der Tournee wichtige Erfahrung: bis jetzt sind vorwiegend junge Leute erschienen. Das halte ich für beachtenswert, weil ich bezweifle, ob die gleichen Zuhörer so zahlreich in einem konventionellen Konzert mit ernster Musik erschienen wären. Für eine weitere gezielte Arbeit sehe ich deswegen gute Aussichten, die Jugend anzusprechen, die wir in Europa, auch aus Gründen des Überangebotes, nicht ansprechen können. Es ist dies glücklicherweise kein spezialisiertes, sondern ein neugieriges Publikum, das uns bei der Planung anregt und nicht belastet. Manila war aufregend, da wir, nach europäischen Maßstä-

ben, auf einer zwar konventionellen, aber perfekt funktionierenden Bühne spielten. Der Raum des Cultural Center umfaßte etwa 650 Plätze und war $^{4}/_{5}$ voll; eigentlich viel Publikum, im Vergleich zu Südkorea, wo die kulturelle Struktur des Landes viel schwieriger ist.

Einmal ist dies durch das Klima bedingt. Kulturprogramme europäischen Zuschnitts in einer Stadt mit 33 Grad Hitze im Winter durchzuführen, das leuchtet einem auf Anhieb nicht ein. Noch weniger sinnvoll scheint es unter solchen Temperaturen, Kultur als Kommunikations- oder Geschäftsmittel zu betreiben. Ich erinnere mich an die scharfsinnige Bemerkung von Max Weber, warum es Klaviermusik hauptsächlich nördlich der Alpen gibt: weil es kühler ist. In südlichen Breitengraden sind die Menschen nicht so häufig daheim und brauchen weniger Hausmusik.

Manila war in einer unerwarteten Dimension lehrreich. Nie habe ich ein befreienderes Lachen gehört als dort, wenn eine Aktion von »Repertoire« mehr oder weniger verdeckten erotischen Charakter hatte oder akustische Pornografie streifte. Die Zuschauer, die so etwas wirklich nicht erwarteten, zelebrierten diese Darstellungen sicherlich über Gebühr, weil das Land seit der spanischen Kolonisierung anscheinend ununterbrochen unter einer inquisitorischen Atmosphäre lebt. Dazu gehört die strenge Zensur und, ähnlich wie in Südamerika, ein bedrückender Moralkodex. Alles unter der Gürtellinie wird irgendwie über dieselbe geschoben.

Hongkong war bis jetzt das widerspruchsvollste Konzert mit dem langweiligsten, steifsten Publikum. Ein Publikum, wie es sich die Impresarios des kläglichen Musiklebens dieser Stadt wünschen, das für mittelmäßige bis schlechte Aufführungen klassischer Musik guten Applaus spendet. Bei »Repertoire«, ein Bonbon mit giftiger Schokoladenfüllung,

konnte man bemerken, daß wenig Leute sich amüsierten. Angeblich begann das Gift kurz nach der Aufführung zu wirken.
Auch in Manila waren die Zuschauer bei »Tactil« ratlos, da sie nicht genau wußten, wie sie reagieren sollten, als wir mit entblößtem Oberkörper erschienen. Man merkte, daß sie einen Augenblick überlegten, ob sie nicht auf der falschen Veranstaltung wären. Deswegen bin ich immer wieder froh, für den Umschlag des Programmheftes ein Foto gewählt zu haben, das Wilhelm Bruck und Theodor Ross halbnackt Mundharmonika spielend zeigt. So wurde vermieden, daß sich das Publikum womöglich pikiert oder angegriffen fühlt, weil es glauben könnte, wir Europäer würden in unterentwickelten Konzertländern leben und halbnackt spielen, weil es zu warm ist.
In Hongkong gaben wir ein Konzert am falschen Platz für die falschen Leute. So etwas ist eine wertvolle Erfahrung, und man kann bei künftigen Veranstaltungen die Lage besser anpeilen. Das dortige Goethe-Institut hat hervorragend organisiert, aber wir mußten in einem Saal für 1500 Personen spielen, weil der kleinere Saal der City Hall bereits gebucht war.
Ich bin sicher, daß auch in Manila, wo das Konzert ein großer Erfolg wurde, sich ähnliche Spannungslosigkeit verbreitet hätte, wenn wir in einem größeren Theater für 2000 Zuschauer hätten spielen müssen. Auch in Seoul kann ich mir gleiches vorstellen. In einem riesigen Raum werden die Proportionen der Stücke verzerrt, und aus Kammermusik wird Undeutliches unter der Käseglocke. In einen ungeeigneten Saal kommen auch am ehesten Leute mit fest programmierten Vorurteilen. Übrigens: auch in Deutschland würde ähnliches passieren.

Vetter: Welchen Eindruck nehmen Sie von Korea mit? Haben Sie die Offenheit Ihres Publikums auch sonst bei den Menschen im Lande angetroffen?

Kagel: Südkorea macht den Eindruck eines unterschiedlich penetranten, stark dirigistischen Diktaturgebildes, aus dem der starke Mann herausragt; ergo auch eine Anzahl weniger starker Männer, die unter ihm eine überwältigende Mehrzahl schwacher Männer terrorisieren. Hier findet die Arbeit des Goethe-Instituts auf einem komplexen, wackeligen Boden statt. In einem solchen Land kann das Institut mit vielen intelligenten Leuten Kontakt aufnehmen. Und der ausgezeichnete Leiter der Zweigstelle versteht es, die Türen des Instituts weit zu öffnen. Unser Konzert hatte selbstverständlich keinen ausgesprochen politischen Charakter, da es sonst nicht hätte stattfinden können, aber die öffentliche Aufführung solcher Stücke erhielt dort das Fluidum einer politischen Darstellung. Da ist die Aktivität des Goethe-Instituts als besonderer Katalysator für die Kräfte, die sich im Lande zurückhalten, sehr wertvoll.
Ich glaube, daß in allen Ländern, wo es keine kontinuierliche, organische Kulturarbeit gibt, solche Manifestationen wie die unsere zunächst nützlich sind, weil sie Kommunikation *zwischen den Leuten des Landes* herstellen. Das darf man nie vergessen.
Häufig wird mir gesagt: »Wenn Sie hierher kommen und etwas darbieten, was heute in Deutschland, in Europa aktuell ist, dann hat das Publikum dort eigene Referenzpunkte. Dagegen haben wir keine. Um eine Meinung zu haben, müssen wir zuerst durch Informationen angeregt werden, damit wir einen Vergleich ziehen können.«
Es gibt keine andere Möglichkeit als regelmäßige Information von hohem Niveau. Nur so kann die Bundesrepublik

eine kontinuierliche Kulturpolitik im Ausland einrichten, die auch einen Teil von dem, was der deutsche Bürger in Anspruch nehmen kann, dem Bürger anderer Länder anbietet.

Vetter: Vielleicht können Sie noch einmal kurz darauf zurückkommen, warum Sie es unabhängig von der vermittelten Information für wichtig halten, ein Programm wie Ihres in Seoul oder Manila zu zeigen.

Kagel: Weil wir dazu beitragen, daß Musiker und Theaterleute, die selbst arbeiten wollen, es aber aus Mangel an Erfahrung oder materiellen Gegebenheiten nicht wagen, durch Austausch von Information andere Ansatzpunkte finden oder Widerstände abbauen. Ich bin aber vorsichtig und will keinen falschen Optimismus ausstrahlen. Ein care program auf kultureller Basis ist kein Programm. Das Weitergeben von know-how durch Seminare und Aktionsgruppen muß selbstverständlich eine Dauereinrichtung dieser Tourneen sein. Wenn die Bundesrepublik die ungeheuren Kosten einer öffentlichen Kulturarbeit im Ausland trägt, kann diese Arbeit nur als eine logische Folge dieser Politik begrüßt werden.

Vetter: Trifft das auch für Hongkong zu? Das ist doch immerhin eine Weltstadt, in der Sie alles kaufen können, aus der Sie jederzeit wegfahren können, in der genügend Menschen leben, die sich jedes Konzert in New York oder in London leisten können. Eine Stadt, die sich jedes Musik-, Ballet- oder Show-Programm internationalen Standards leisten kann. Sehen Sie da die gleiche Notwendigkeit, daß wir eine Art Take-Care- oder Know-How-Programm für eine Stadt wie Hongkong machen?

Kagel: Während in anderen Städten ein gut Teil des Publikums aus einfacher Neugierde kam und infolgedessen aufnahmebereit war, sind die Menschen in Hongkong mißtrauischer, weil sie gewohnt sind, für ihr Geld etwas Konkretes zu erhalten. Deshalb weisen die Sprachkurse dieser Stadt die höchsten Zuwachsraten der Goethe-Institute auf. Für eine solche Mentalität kann man auch genügend Vergleiche in Deutschland finden. Wir sollen kein Anathema loslassen wegen Mangel an Interesse. Zweifellos ist Hongkong bisher die Stadt, die die stärksten und komplexesten Eindrücke hinterließ und wo man mit einer unübersehbaren Anzahl von Strömungen konfrontiert wurde. Hier steckt eine ungeheure Kraft. Denken Sie an die Akkumulation von riesigen Menschenmassen in einer geopolitischen Sackgasse, oder an das erzwungene Im-Fluß-Bleiben des Systems trotz der unzeitgemäßen Kolonialstruktur.

Vetter: Sie meinen, das hat mit dem Stil der englischen Kolonialadministration etwas zu tun?

Kagel: Selbstverständlich hat es mit dieser typisch englischen Administration – für Chinesen – etwas zu tun, weil England es verstanden hat, sich im Hintergrund zu halten und die Chinesen öffentlich agieren zu lassen. Die Engländer haben nur einen blassen Ehrgeiz, aktive Kulturhegemonie zu betreiben, dagegen ist eine Aura von Sport dem Kolonialgeist stets gegenwärtig. Beispielhaft ist der Anblick eines Engländers in kurzen Khakihosen, der seine stramme Nonchalance am teuersten Platz Honkongs, gegenüber dem Hotel Mandarin, auf einem hundert mal hundert Meter großen Feld beim Cricket übt. Am Drahtzaun des altehrwürdigen Cricket-Clubs steht mehrfach »Beobachter willkommen«. Die Engländer freuen sich, wenn man sie auf einem Platz spielen sieht, der, wie man mir sagte, etwa 80 Millionen Hongkong-Dollar kostet. Und man wird weiter dort spielen, solange die Kolonie ihren Status behält. Der gepflegte Rasen ist nicht ebenso beharrlich wie die Chinesen geduldig.

Vetter: Da ist wohl Manila das extreme Gegenteil?

Kagel: Ja.

Vetter: Wollen Sie erklären, was an dem Gegenteil so extrem ist?

Kagel: Die Philippinen sind noch völlig in der ausbeuterischen Tradition gefangen, die durch die spanische Kolonialisation begann und die heute von den USA weiter betrieben wird. Menschen beuten hier andere erbarmungslos aus. Manila verkommt zu einer unkontrollierbaren Häßlichkeit und wächst gleichzeitig auf einem Sumpf von unerreichbarem Komfort weiter. Die Reichen kapseln sich im amoralischsten Luxus ab, den man sich vorstellen kann. Das ist schwer verdaulich, wenn man es aus der Nähe betrachtet und sieht, wie die Armen hoffnungslos zerquetscht werden. Gleichzeitig scheinen die Reichen ihre Stadt zu hassen, in der sie sich einmauern müssen, um in Enklaven zu leben. Das ist beste Ausbeutertradition; die Verbrennung Südamerikas, während die Spanier in der Burg dinieren.

Vetter: Sehen Sie in Seoul eine Mischung aus den beiden Strukturen Manila – Hongkong?

Kagel: Ich weiß nicht, ob es tatsächlich eine Mischung ist. Zunächst gibt es die typisch asiatische Massenbewegung auf den Straßen, tausende von Ameisen, die handeln und essen, die kleinen Geschäfte. Reichtum bleibt verborgen, weil es auch hier zur fernöstlichen Tradition gehört, daß er nicht offen gezeigt wird. Man kann dadurch nachdrücklicher Macht ausüben. Gerade die Bevormundung durch ständige Unterdrückung ist deprimierend. Die Rolle der Reichen in Manila wird in Korea vom Militär gespielt. Der Präsident übt in beiden Fällen Dauerterror aus.

Dienstag, 23. Januar: Linienflug von Hongkong nach Bangkok

Wir haben soeben die südchinesische See verlassen, die kleinen Atolle, das blaßblaue Meer. Nun liegt unter uns Vietnam; grüner dicker Dschungel, ab und zu Rauchfahnen, man kann nicht erkennen, wodurch hervorgerufen. Unter uns der Mekong, der sich durch dieses grüne Dickicht mäanderförmig schlängelt und silbrig glänzt. Wir werden bald über Kambodscha sein.

Donnerstag, 25. Januar: Bangkok

Vetter: Wie beurteilen Sie die Reaktion auf Ihre Vorstellung in dieser Stadt; und wie empfanden Sie die Stadt selbst?

Kagel: Bangkok hat mich durch seinen infernalischen Verkehrszustand, der den Menschen hoffnungslos dem Chaos ausliefert, zunächst abgestoßen. Wieder eine asiatische Stadt, die, ohne nennenswerte Infrastruktur und ebenfalls ohne Aussicht auf vernünftige Lösungen, mit Erscheinungen zu kämpfen hat, welche zumindest eine mangelhafte Planung vermuten lassen. Aber von Planung in diesem Zusammenhang zu sprechen, scheint mir ein Euphemismus zu

sein. Die Nachteile der westlichen Vorbilder werden auch hier übertroffen, weil die Anzahl der Autos im Verhältnis zu den befahrbaren Straßen ungeheuer hoch ist. Dazu kommt die systematische Zerstörung der Wasserwege und Kanäle (Klongs), um der Stadt Raum für Straßen zu verschaffen, welche am Ende doch nicht gebaut werden.
Aber auch in dieser Stadt habe ich Wat Po, den Tempel des Liegenden Buddha, besuchen können, vermutlich die gigantischste Symbiose von Architektur und Skulptur, die man heute noch sehen kann. Eigentlich ein Objekt, das allein durch seine ungeheuren Ausmaße, 46 Meter lang, 15 Meter hoch, mystische Dimensionen erreicht. Dieser Buddha in Erwartung des Nirwanas versetzt den Zuschauer ebenfalls in eine außerordentliche Verfassung, da beim Betrachten der Figur die Decke ständig wahrgenommen werden muß. Dadurch wirkt die Skulptur noch mächtiger und unbegreiflicher, als sie ist. Man wandert fast ohne Abstand vom Buddha knapp an der Wand vorbei, und so wird man gezwungen, die Raumverteilung einer monumentalen Körperhaltung physisch, durch Schritte zu empfinden. Ich habe ähnliches nie erlebt.

Vetter: Was ist Ihnen in Thailand besonders aufgefallen?

Kagel: Auch Siam wurden viele Rudimente fremder Kulturen, wenn auch friedlich, aufgezwungen. Kultur als Vorstellung dessen, wie das Leben vor sich gehen muß, wie es organisiert sein sollte. Und ich meine aufgezwungen, weil es viele subtile Wünsche gibt, die vom »erfolgreicheren« way of life fortwährend geweckt werden. So entsteht ein Konflikt, der sich auf vielen verschiedenen ethnologischen Stufen abwickelt. Die Zusammenstöße sind nicht immer spürbar, weil die Zermürbung autochthoner Strukturen meist subkutan ist. Der Schein einer Zivilisation umhüllt langsam die andere, bereits vorhandene Kultur. Plötzlich werden zum Beispiel Klimaanlagen gebraucht, wo früher keine notwendig waren, weil die Menschen, die am Fluß wohnten, beim Hausbau die Hauptrichtungen des Windes berücksichtigten. Mit den riesigen Veranden war das Habitat der Thailänder einfach ideal. Aus Erfahrung mit verfügbaren Materialien wurde ein Optimum erreicht. Nun ist die Zeit einer adäquaten Zielsicherheit durch inhumane Vorstellungen beendet. Eine miserable Architektur wuchert überall, die nicht nur die vorhandene Behausung kaputtmacht, sondern darüberhinaus keinen wahren Ersatz bietet. Das ist es, was so weh tut: es wird eigentlich rückwärts zivilisiert.

Vetter: Sie haben noch nicht auf meine Frage nach der Publikumsreaktion auf das Konzert in Bangkok geantwortet.

Kagel: Ich fand den Abend gelungen. »Tactil« hinterließ einen starken Eindruck, weil es mit großer Konzentration gehört wurde. Und die Mischung aus Reserve, Erstaunen und Freude, die »Repertoire« auslöste, erfüllte optimal das, was man erwarten kann. Mehr oder etwas anderes zu erwarten, wäre als Wunschdenken fehl am Platze.

Samstag, 27. Januar: Indien

Vetter: Nach Bangkok nun Kalkutta. Der Sprung von Südostasien nach Südasien ist vollzogen. Sie haben wahrscheinlich auch gesehen, wie verschieden nicht nur die Stadtbilder, sondern auch die Menschen sind. Welches ist Ihr spontaner Eindruck von Kalkutta?

Kagel: Als erstes glaubte ich, auf einem Kontinent mit echt südamerikanischen Zügen gelandet zu sein; ein Kompositum aus Brasilien, Peru und Zentralamerika. Dieser Eindruck wurde zunächst durch die unbeschreibliche Armut erweckt und dann durch eine tropische Flora bekräftigt. Die Palmen und Bananenblätter, das flache Land mit den ausgetrockneten Wasserlöchern, dies erinnerte mich sehr an Südamerika.
Aber es sind oberflächliche Eindrücke, denn es gibt wesentliche Unterschiede. Die Armut in Indien ist insofern unbeschreiblich, weil sie einen ausgesprochenen Höhlencharakter hat. Hunderttausende von Menschen in und um Kalkutta erfüllen vollkommen die Bedingungen eines unzivilisierten Daseins in einer halbzivilisierten Umwelt. Die fast mechanische Primitivität inmitten von Autobussen, Flugzeugen und Taxis ist demütigend. Und der eigenwillige Auftritt heiliger Kühe ist mit dem Leben in Kavernen fast kongruent.

Vetter: Ist es bei dieser Armut, diesem Elend, überhaupt sinnvoll, eine Aufführung wie die Ihre darzubieten? Glauben Sie, daß es dafür überhaupt ein Publikum gibt oder geben soll?

Kagel: Dies ist eine Frage, die ich mir ständig gestellt habe, aber nicht nur in Indien, sondern überhaupt. In Indien aber wird der Gegensatz zwischen Kulturbetrieb und vollkommenem Mangel an allem noch krasser. Die Frage nach dem Wofür wird hier sicher heftiger. Ich finde sie jedoch unfair, wenn sie als Alternativfrage gestellt wird. Unsere Tätigkeit bietet keine Lösung, sondern eine im Rahmen des gegebenen Wirkungskreises mögliche Dienstleistung. Hier möchte ich eigentlich den Ball zurückspielen. Trifft man indische Musiker und hört man, daß das, was sie machen, einen umfassenden Anspruch auf Kunstmusik hat oder auch, daß Tanz und Theater die höchsten Anforderungen an die Sensibilität des Konsumenten erheben, dann ist man geneigt, genauso die umgekehrte Frage zu stellen: ist indische Musik nicht eine unmoralische Illusion? Denn dem Volk wird ebensowenig geholfen wie mit unseren Darstellungen. Selbstverständlich haben die hiesigen Zuschauer mehr davon, wenn indische Musiker spielen. Aber gerade Musik erreicht hier die hypnotische Fülle eines Nahrungsersatzes. Würden Sie deswegen Konzerte indischer Musik moralisch verdammen?

Vetter: Man muß den Inder als einen in der Indifferenz eines offiziell abgeschafften, aber noch oft im Unterbewußtsein existierenden Kastendenkens aufgewachsenen Menschen sehen, für den Eigenexistenz und Umwelt völlig verschiedene Bereiche sind, die außerdem nur dort gepflegt werden, wo man einen engeren Zusammenhang sieht: sozial gesehen, in der Großfamilie. Sie werden also sehr selten einen indischen Musiker treffen, der sozio-ideologische oder politische Zusammenhänge zwischen Musik und Zuhörerschaft sieht. Auf der anderen Seite hat er auch überhaupt kein Empfinden dafür, einer Avantgarde (im westlichen Sinne) seine Ragas liefern zu müssen, sondern er spielt für sich und seinesgleichen. Aber welchen Eindruck hatten Sie von dem Publikum?

Kagel: Ich komme auf einen Punkt zurück, der mich nicht in Ruhe läßt: meinen Sie, daß indische Künstler kastenbewußt sind?

Vetter: Nein, aber sie werden aus der Kastentradition heraus noch immer unbewußt geformt. Sie sind natürlich heute längst darüber hinweg und sagen: Wir erkennen keine Kaste mehr an. Aber sie können nicht verleugnen, daß sie einer sozialen Schicht entstammen, die in früheren Zeiten an den Maharadjahöfen zu Hause war oder Mäzene hinter sich hatte. Davon beginnt sich die indische Musik erst jetzt zu befreien. Man darf nicht vergessen, die klassische indische Musik war Hofmusik, die eigentlich nur für Musikkenner gespielt wurde.

Kagel: Das ist in Europa sehr ähnlich. Wenn man sagt, ernste Musik sei elitär, was sie ihrem Wesen nach nicht ist, sondern sich hauptsächlich in der Form ihres Betriebes ausdrückt, dann muß man verstehen, in welchem Maße indische Musik zwielichtig elitär wirkt. Denn das, was die Elite zu ihrem Vergnügen einst förderte, gehört jetzt in der Vervielfältigung einer industriellen Volkstümlichkeit zum Allgemeingut. Geblieben ist dem indischen Musiker eine außerordentliche Liebe zur Disziplin der Tradition. Aber genau dies gehört zur Essenz des Elitären. Ich will gar nicht versuchen, unsere Arbeit und Aufgabe von der der indischen Kunstmusik zu trennen, da ich keinen wesentlichen Unterschied zwischen ernster indischer und ernster europäischer Musik sehe. Beide bremsen und animieren zugleich notwendige Vorgänge, die von gesellschaftlichen Strukturen abhängig sind. Beide setzen sich mit einem Konvolut von bekannten Zeichen auseinander, die das akustische Unterbewußtsein ihrer Zuhörer und Interpreten bildet und das sich auf die fortwährende Evolution des musikalischen Denkens sowohl negativ wie auch positiv auswirken kann.
Aber vergessen wir eines nicht: kommt eine indische Gruppe nach Europa, dann freuen wir uns, weil wir aus nächster Nähe erfahren können, wie es in Indien auf der Bühne zugeht. Uns entgeht zwar etwas Wichtiges, die Atmosphäre

und der ständige Flirt des indischen Virtuosen mit seinem Publikum und der des Publikums mit seinem Virtuosen, aber wir lernen, daß diese Musik immerhin anders als auf Schallplatten klingt. Allein deswegen sind wir der indischen Gruppe dankbar, daß sie die Reise gemacht hat. Und in diesem Geiste sind wir nach Asien gekommen: einfach zeigen und, immer wenn sich die Gelegenheit bietet, darüber reden. Das Publikum in Kalkutta war typisch in seiner Zusammensetzung. Es kamen Leute aus der Oberschicht, die in Eton, Paris oder Frankfurt die Universität besuchen konnten, die keine Musiker sind, aber ihr Hausmusikantentum so weit getrieben haben, daß sie inzwischen Halbprofis geworden sind. Zwei solcher nebenberuflicher Musiker spielten bereits als Solisten mit deutschen Orchestern. Das zeigt in etwa, welche unterschiedliche Rolle die Dilettanten außerhalb Europas haben können. Aber es waren auch viele jugendliche Zuhörer anwesend, die aus finanziellen Gründen nicht nach Deutschland kommen könnten.

Vetter: Sie setzen Aufführungen oder das, was Sie hier in Kalkutta gemacht haben, nicht in einen sozialen oder sozioökonomischen Bezug. Sie sagen also nicht: lieber kein Kagel in Kalkutta, dafür mehr Geld für ein soziales Bedürftigkeitsprojekt oder für einen deutschen Fachmann, der sich mit der Kanalisation in Kalkutta beschäftigt.

Kagel: Es kann sein, daß ich genauso ein Fatalist bin wie der Inder, jedenfalls gehört dieses despotische Entweder/Oder nicht zu meinem Denken. Ich glaube kaum, daß man soziale Arbeit gegen Kulturarbeit ausspielen kann. Vielleicht wird so das klassisch schlechte Gewissen des Intellektuellen, der ahnt, wie wenig er und seine Produkte notwendig sind, befriedigt; das Volk allerdings wird in seinen Ansprüchen nicht befriedigt.

Vetter: Welchen Eindruck haben die Inder auf Sie gemacht?

Kagel: Der Alptraum des ersten Tages ist allmählich einer Hypnose gewichen. Die Gesichter dieser Menschen sind so intensiv und von solchem Ausdruck, daß man gar nicht ausweichen kann. Man schämt sich fast als Fremder, sie anzustarren, als ob es Wesen wären, die hinter Gittern ruhten. Der Reichtum an Gesichtsausdrücken und Situationen, den man in jedem Augenblick erlebt, die Komplexität des Lebens auf den Straßen ist berauschend. Obwohl die Armut, die hier herrscht, und der Schmutz, der allgegenwärtig ist, unvorstellbare Ausmaße haben, haben die Inder etwas erreicht, das wie eine kollektive Individualisierung des Menschen aussieht, eine ungeheure Masse aus Einzelnen. Es ist ein vollkommen anderer Eindruck als bei einer Menschenmasse in Europa, die eigentlich uniform wirkt.

Vetter: Können Sie das genau erklären?

Kagel: Vielleicht, weil die Gleichgültigkeit gegenüber hygienischen Bedingungen zu einer fast tierischen Sensibilisierung der Haut und einer ebenfalls tierischen Feinnervigkeit der Gebärden beiträgt. Welche Dinge Frauen und Männer auf dem Kopf zu tragen fähig sind und wie sie es tun: alles, was eine körperliche Tätigkeit voraussetzt, scheint hier gesteigerte Bedeutung zu haben. Indifferenz vielem gegenüber ist zweifellos vorhanden, wenn man die Zustände der Behausung untersucht. Zugleich haben die Inder es geschafft, eine erstaunliche Differenzierung der Unterkünfte aufzuweisen. Der pure Dreck wird auch als ein Element des Habitats betrachtet. Wenn damit eine Stufe in der Qualität des Lebens beginnen kann – und ich spreche jetzt nicht im pejorativen Sinne –, dann kann man sich vorstellen, welche unendliche Differenzierung vorhanden ist, bis der westliche Komfortbegriff verwirklicht wird.

Vetter: Sie haben vielleicht festgestellt, daß die Mehrzahl der indischen Bevölkerung keine Wohnkultur in unserem Sinn kennt. In Japan haben Sie erklärt, daß die Architektur einem natürlichen Verlangen der Menschen entspricht, sich eine adäquate Umgebung zu schaffen. Finden Sie diese Ihre Meinung in Indien bestätigt?

Kagel: Das Wort »Wohnkultur« hinkt, weil es irgendwie Verständnis für unsere Vorstellungen voraussetzt. Selbstverständlich ist Wohnkultur im westlichen, im englischen Sinne will ich sagen, vorhanden, weil die Inder, die es sich leisten können, solche Bräuche nachahmen. Aber was ist das, verglichen mit den Millionen, die nichts haben? Ich sagte bereits, daß es Menschen in Kalkutta gibt, die wie Höhlenwesen leben. Weder in Südostasien noch in Hongkong mit seiner phantastischen Akkumulation von Menschen, Autos und dunklem, feuchten Schmutz haben wir ähnliches gesehen. Aber in Kalkutta begegnet man einem »Zurück-zur-Höhle« von unbeschreiblichem Haß. Gleichzeitig scheint die Identifikation mit diesem Höhlendasein vollkommen. Vielleicht ist diese Symbiose die einzige Alternative, zu der man greifen kann. Menschen, die sich so lange von Staub ernähren, werden allmählich zu Lehm.

Vetter: Sie haben vorhin gesagt, man könne Musik oder Sozialarbeit nicht gegen Kulturarbeit ausspielen. Aber man stellt sich als Europäer dann doch die Frage: Höhlenbehausung, Dreck, äußerste Indifferenz gegenüber Gestank, Lärm und Häßlichkeit. Staub, Lehm, Schmutz, bedeutet das nicht auch Seuchen, Elend, hohe Kindersterblichkeit? Bedeutet das nicht eine Verringerung der humanen Lebensqualitäten?

Kagel: Ich versuche nicht, Dreck als Lebensqualität zu verteidigen, weil es ein infernalisches »Zurück-zur-Natur« im Rousseauschen Sinne bedeuten kann. Aber dies ist tatsächlich eine Entwicklung, die rückwärts führt, in eine erbärmliche Umwelt, die man zur Natur *verstimmt* hat. Natürlich können wir nicht nur aus unserer Sicht verurteilen und sagen: »Was hier geschieht, ist einfach unmenschlich«. Wenn der Trieb zu einer solchen Lebensmisere aufgezwungen wird, wenn Menschen zwischen Dreck oder Nichtdreck keine Wahl haben, muß man eingreifen. Aber in den Lebenszyklen des indischen Menschen, in der Art, wie am Ende durch Meditation und völlige Ausdörrung eine transzendierende Vergeistigung erreicht werden soll, ist ein unbiegsamer Prozeß, ein brutaler Rechtfertigungsdrang erkennbar. Und überall spürt man einen konkreten Impuls zum Nichts, der pro toto auch das Obdach negiert. In Kalkutta wirkt der Mensch als Symbol einer nie nachlassenden Intensität. Es ist für mich nicht einfach, eine Schilderung zu versuchen, weil man ständig mit eigenen Vorstellungen, also vertrauten westlichen Gewohnheiten kämpfen muß. Nietzsche hat die Mechanik des Gebens und Nichtgebens an Bettelnde analysiert. Es ist nach ihm fast unmöglich, sich durch Geben aus der Erniedrigung zu befreien, die der Mensch, der bettelt, auslöst. Sich zu verschließen, ist ebenfalls keine Alternative. Ähnliches geschieht hier 24 Stunden am Tag. Einerseits ist es ein Konflikt mit sich selbst, weil man vor allem besser ernährt ist, andererseits wird die Hilfe zum Alptraum, weil jeder, der gibt, auf der Stelle von einer unüberschaubaren Ansammlung von Händen und Schreienden verschlungen wird. Die Bedrohung des Nehmens ist auch eine Tatsache, die in der internationalen Politik eine immer größere Rolle spielt.

Vetter: Hinter uns liegen nun auch New-Delhi und Bombay. In Delhi hatten wir zwei Aufführungen in einem relativ großen Saal. Eine davon sehr schwach, die andere etwas besser besucht; allerdings hatte man Schüler in diese Aufführung »dirigiert«.

Kagel: Die erste Aufführung hinterließ keinen besonderen Eindruck; ein Saal, der mäßig besucht ist, reagiert nicht. Das Theater-Erlebnis entsteht unter anderem aus einer Summe von individuellen Eindrücken, die sich zu einem Kollektiveindruck steigern; dieser fehlt in dürftig besetzten Sälen völlig. Ein Zuschauerraum voll Schüler stellt für mich die Möglichkeit einer gezielten Vorstellung dar. Ich weiß nicht, ob dies ein Negativum ist, eher scheint es mir das Gegenteil zu sein. New-Delhi ist mit Washington oder Bonn vergleichbar: eine Verwaltungsstadt aus Beamten und Studenten. Vielleicht reagierte das Publikum etwas apathischer als in Kalkutta, aber das war zu erwarten, wenn man die tatsächlich vorhandenen Unterschiede zwischen Nord- und Südindien kennt.

Vetter: Welchen Unterschied sehen Sie zwischen Kalkutta, New-Delhi und Bombay?

Kagel: Bereits in der unterschiedlichen Architektur ihrer Wohnviertel machte mir New-Delhi den Eindruck eines

verwalteten Zwiespalts. In Städten wie Kalkutta oder Bombay gehen die Grenzen zwischen den Bevölkerungsschichten genauso abrupt wie in New-Delhi ineinander über, aber es gibt in Kalkutta oder Bombay viele Beispiele eines weicheren Übergangs. Delhi ist mit einer kolonial friedlichen Kulisse verkleidet, die, wie ich annehme, eine beständige Idylle vortäuschen soll.
Nach beiden Konzerten dachte ich, daß außer den Schülern kaum interessierte Zuhörer anwesend waren. Es ist sicher nicht leicht, immer das »richtige« Publikum anzulocken, jenes, das von der Vorstellung am meisten profitieren kann. Dies ist leider auch in Bombay nicht gelungen, wie mir Menon, der Leiter des Centre for the Performing Arts, sagte. Die Film- und Theaterleute fehlten, und er meinte, wir hätten ruhig drei Vorstellungen mit vollen Sälen geben können, wenn die Flüsterpropaganda jeweils einen Tag zum Agieren gehabt hätte.

Vetter: Nun ist Bombay eine ausgesprochene Theater- und Filmstadt, während Delhi eine Beamten- und Diplomatenstadt ist mit einer großen Universität, die aber in Old-Delhi liegt und deren Studenten schon aus einem gewissen Boheme-Chauvinismus oder aus einem gewissen Anti-Bourgeois-Gefühl heraus ungern nach New-Delhi gehen.

Kagel: Warum die zweite Aufführung in Delhi erfreulicher war, liegt auf der Hand. Wir hatten eine kohärente Zuhörerschaft. Und eine solche ist jedenfalls besser als zusammengewürfeltes Publikum, weil man gezielter arbeiten kann. Das bemerkte man an der Art der Fragen, die die Schüler stellten. Oder wie der Leiter des Dramatic Centre in New-Delhi sagte, »Tactil«, als Stück, das dem Zuhörer wahrscheinlich immer Schwierigkeiten bereitet, erfüllte in so einem Programm eine wesentliche Funktion. Jemand sagte mir auch nach der Vorstellung in Bombay, daß er sich bei »Repertoire« gefreut hätte, »Tactil« wieder hören zu können. Er habe Gelegenheit gehabt, über dieses Stück während des Ablaufs des anderen Stückes zu reflektieren. Ein Programm kann auch die Zuhörer antagonistisch stimmen, solange die Musik, die diese Spannung im Publikum auslöst, konsequent bleibt. Aber man darf nicht Feindseligkeit erwecken, um sie im Laufe des Abends als koketten Spaß abzubauen. In einer Stadt wie New-Delhi, glaube ich, kann man nur etwas erreichen, wenn man nicht allgemein, sondern gezielt wirbt. Erfreulich war, daß wir zum erstenmal die Gelegenheit hatten, zu vergleichen, was geschieht, wenn das Goethe-Institut sich einmal dem allgemeinen Kulturkalender anzupassen versucht und ein anderes Mal Schulen einlädt. Man braucht nicht unbedingt mit kulturfördernden Gesellschaften und ihren Veranstaltungen zu konkurrieren, um Programme sinnvoll zu plazieren. Manchmal scheint dies dagegen notwendig, wie es zum Beispiel in Bombay der Fall war. Wir hatten einen vollen Saal mit würdigen Gestalten. Für die feinen Damen war es sicherlich befremdend, für die begleitenden Herren eine vorübergehende Verfremdung.

Vetter: Ich finde, daß es keinen Sinn hat, bei zielgruppenorientierten kulturellen Veranstaltungen den Weg des geringsten Widerstandes zu gehen und sich an die eingespielten Organisationen zu wenden, bei denen man das Programm ohne weiteres unterbringen kann. Ich meine, wir müssen uns die Mühe machen, für Programme wie das Ihre ein entsprechendes, das heißt oft, ein neues Publikum zu suchen.

Kagel: Wenn Sie die Argumente des Goethe-Instituts Bombay hören, dann muß man wesentliche Punkte der Argumentation akzeptieren. Musikpolitik ist in dieser Stadt in den Händen der parsischen Musikgesellschaft Time & Talents. Wir können nicht Konzerte ohne Zusammenarbeit mit den Melomanen westlicher Musik dieser Stadt organisieren, da wir uns auf diese Weise zu viele Feinde machen und die Arbeit völlig sinnlos würde. So argumentiert das Goethe-Institut hier. Man muß mit Geduld, Geschick und Diplomatie vorgehen.

Vetter: Kommen wir zu den Aufführungen in New-Delhi zurück.

Kagel: In Delhi hätte ich am liebsten eine Art Aufführungsseminar gemacht. Sie sagten zurecht, man solle nicht der Linie des geringsten Widerstandes folgen, sondern unsere Tätigkeit anders gestalten. Und wenn es so einen Mann wie Alkasi von der National School of Drama in Delhi gibt, der aufgeschlossen für Experimente ist, dann müßte es möglich sein, daß jeder Mitwirkende unseres Ensembles eine Analyse unserer Arbeit macht und mit Studenten in kleinen Gruppen probt. Es könnte zunächst ein Ablauf von 3 Minuten gezeigt werden, der anschließend auseinandergenommen und besprochen wird. Mit einer einzigen Aktion, die ich ausführlich analysiere und dreimal spielen lasse, ist manchmal ein ganzer Vormittag vergangen. Aber nur so bekommen die Studenten einen Einblick in die Sache. Normalerweise antworte ich und merke zugleich, daß man innerlich mit dem Kopf schüttelt, weil der Zugang zu unserer Art der Darstellung und theatralischen Empfindung oft durch die Umstände erschwert wird. Die Inder brauchen eine gewisse Zeit, bis sie bereit sind, fremde Auffassungen aufzunehmen.

Ich war zum Beispiel überrascht, als in Bombay drei Leute unabhängig voneinander von »timing« sprachen. »It was a perfect timing«, sagten sie. Einer kam von der Filmindustrie, der andere war Komponist und der dritte Theaterregisseur. Daß sie gerade eine genau gemessene Zeitgliederung im Verhältnis zum dargebotenen Inhalt empfanden, fand ich interessant, weil indisches Theater und Film, wie auch die indische Musik, auf außerordentlich langsamen Entwicklungen basieren. Um zurückzukommen: wir sollten vor Gruppen von Lehrern und Studenten auftreten, Tagesseminare machen und am Abend öffentliche Aufführungen darbieten.
Ich sehe diese Seminare als Idealziel unserer Tätigkeit. Allerdings sollten die Institutsleiter das Programm im voraus hören können, nicht unbedingt, um sich damit identifizieren zu müssen, sondern zunächst, um eine intensivere, effektvollere Werbung durchführen zu können. Sie sind es, die die Programme ständig an den Mann bringen und rechtfertigen müssen, wir stellen dagegen eine manchmal lästige aber vorübergehende Erscheinung dar. Genauso wie man uns das National Centre for the Performing Arts gezeigt hat, wo wir Einblicke in indische Lernprozesse gewinnen konnten, meine ich, sollte unsere Arbeit organisiert werden. Sicher wird die Bundesrepublik für ihre Bemühungen eine geringere Resonanz als mit repräsentativen Konzerten erhalten.

Vetter: Es ist das erstemal, daß Sie sich hier in Indien so stark für die Seminararbeit einsetzen.

Kagel: Ja, weil ich in Indien zum erstenmal die extreme Auseinandersetzung zwischen einer national-nationalistischen und einer national-internationalistischen Kultur spüre. Und es ist mir klar geworden, welche Intensität diese

Auseinandersetzung hat und welche unvorhersehbaren Folgen. Deswegen haben wir auch so entgegengesetzte Gefühle bei allen Erörterungen des Themas Kulturarbeit. Indien ist ein grundloser Schmelztigel, wo keine Lösung ohne Bewältigung der soziopolitischen Wirklichkeit und ihres sich ständig verändernden kulturellen Ballastes denkbar ist.
Länder mit einer so exorbitanten Vergangenheit verkitschen fortwährend, weil sie heute das notwendige Niveau kaum halten können, um den Abstand zur Vergangenheit zu finden. In jedem indischen Monument von Bedeutung findet man konkrete Abstraktionen als Ausdrücke einer gedanklichen Umwandlung. Beim Tempel von Elephanta zum Beispiel: wird der Penis als Symbol (Lingam) dargestellt, dann geschieht es in Form von zwei gleichen Kuben, der obere mit abgerundeten Ecken, der untere gerade. Die Bildhaftigkeit der Idee und ihre konkrete Unterweisung (siehe Tantra-Kunst!) ist in Indien immer ein Gebiet der Weitsichtigkeit gewesen. Wenn heute aus falsch verstandener Liebe zur Tradition die Gegenwart verkitscht wird, dann muß man dies auch aus der gesellschaftlichen Situation zu begreifen versuchen. Nicht nur die Schweizer dürfen Schweizer Käse in ihren Andenkenläden verkaufen; auch indische Künstler sind manchmal bereit, Käselöcher zu verkaufen, um des künstlichen Geruchs willen. Die Touristen schnuppern begeistert daran.

Vetter: Als Beispiel dient die Innenarchitektur des neuen Tadsch-Mahal-Hotels in Bombay?

Kagel: Das alte Tadsch-Mahal-Hotel, von den Engländern wie ein Manor House in Sussex oder Schottland gebaut, wirkt merkwürdigerweise in dieser Landschaft viel organischer und souveräner als der neue klotzige Bau, mit entzükkenden arabo-gotischen Fenstern und seinem unendlichen Protz. Eine architektonische Schweinerei mit grundsätzlich falschen Proportionen und oben drauf Schlagobers.

Vetter: Sie haben nun auch diese Provokation erlebt, von der ich schon vor unserem Eintreffen in Indien gesprochen habe; Faszination und Abscheu; dieses permanente Schwanken zwischen Extremen, hypnotisiert auf der einen Seite, abgestoßen auf der anderen Seite. Wir haben die drei größten Städte Indiens gesehen, wenn auch nur kurz, bilderbuchhaft. Versuchen Sie einmal, diesen Subkontinent in Relation zu setzen zum Osten Asiens, den wir vorher gesehen haben.

Kagel: Im Vergleich zu dem, was wir vorher gesehen haben, kann ich nur sagen, daß Menschen und Architektur, auch wenn sie, wie in Indien, einem Prozeß fortwährenden Verkommens ausgesetzt sind, nirgends mit der Landschaft eine solche Einheit bilden können wie hier. Die Massen, die die japanischen Städte bevölkern, wären ohne Landschaft denkbar. In einem leeren Tokyo würde man die Menschen weniger vermissen als in Kalkutta. Und was mich wiederholt frappiert hat, ist, daß wir stets versuchen, vieles an Indien aus unserer Sicht zu erklären, und mit bestimmten Zuständen Mitleid empfinden, für die die Inder keine missionarische Barmherzigkeit verlangen. Wie-unglücklich-sind-diese-Menschen, so geht es uns durch den Kopf. Es ist dies ein Problem der Grob- und Feineinstellung. Wenn ich Indien mit dem vorher Gesehenen vergleiche, dann wirkt vieles blasser. Weder in Japan noch auf den Philippinen wußte ich, daß Indien einen solchen Höhepunkt an Widersprüchen und Spannungen aller Art bedeuten würde. In Bangkok hatten wir keinen Kontakt mit den Thailändern, und ich glaube, daß es uns auch nicht brennend interessiert hat, ihn zu bekommen. Indien dagegen ist ohne Interesse für seine Bevölkerung undenkbar. Nur Seoul bleibt in dieser Hinsicht in positiver Erinnerung.

Vetter: Sie meinen also, daß der bildungspolitische Aspekt weniger wichtig ist als zwischenmenschliche oder soziale Aspekte?

Kagel: Das empfinde ich sehr stark. Um nicht grobe Fehler zu begehen, muß man sich mit den kulturpolitischen Vorgängen eines Landes vertraut machen. Die Inder sind den Engländern ähnlich; sie fühlen sich tief unglücklich, wenn man sie mit Gewalt informiert. Nur ein Dialog befriedigt sie. Ein Dialog über Geist und Methoden des Systems, ein Dialog, der das Handwerk des Helfens durch Erfahrung vermittelt. Das Westliche interessiert diese Menschen nur bedingt, weil sie an einem ständigen Wendepunkt stehen, eine postorale Phase der Beschäftigung mit sich selbst. Man lese dazu indische Zeitungen! Inder sind für mich die Extremform einer reifen Naivität. Sie werden vielfach als Weise geboren, verlieren jedoch nicht ihre ausgeprägt kindlichen Züge. Und die Dynamik dieser Entzweiung macht sich überall bemerkbar, in der Form, wie sie etwas aufnehmen, verarbeiten und äußern.
Man sieht zum Beispiel, wie sie aus Begeisterung mit dem Kopf schütteln, wenn jemand gut Tabla spielt; das geschieht nicht nur einmal, sondern nach jeder Strophe, manchmal nach jeder kürzesten Phrase. Das Erstaunen wird zum Ausdruck einer – bewußt? – naiven Haltung. Sie wollen erstaunt sein; das ist ein Teil ihrer Spielregel bei der Wahrnehmung von Kunst und dessen, was sie an akustischer und visueller Umwelt produziert. Hat man diesen Aspekt verstanden,

dann ist der Wert der Information über westliche Kulturereignisse verblaßt. Fertige Produkte begeistern die Inder weniger als der Begeisterungszustand selbst.

Vetter: Das ist ja auch immer wieder das Problem unserer Arbeit: daß wir als westliche Menschen, die primär intellektuell und rational erzogen sind, in diesem Sinne auch konsequent denken, nun mit Menschen zusammenarbeiten sollen, die uns in dieser Konsequenz oft nicht folgen können aber auch oft nicht folgen wollen. Das ist der Quell vieler Mißverständnisse. Vor allem müssen wir aufhören, aus dieser Sicht wohlgemeinte Experten-Ratschläge zu erteilen. Welche Möglichkeiten sehen Sie, diese Mißverständnisse, denen wir als westliche Menschen in Indien stärker als anderswo ausgesetzt sind, zu vermeiden?

Kagel: Wir sollten einen Teil der Gemeinsamkeiten in Aufbau und Methode der Systeme untersuchen. Denn es kommt immer wieder vor, daß die Inder ihre Musik nicht erklären können. Wenn man fragt, wie ist dies und jenes zu verstehen, dann wird ein Abrakadabra mit den Händen vorgeführt und anschließend das bereits Vorgespielte oder Getanzte wiederholt. Dies beruht keineswegs auf einer Unfähigkeit, rational zu erklären, als vielmehr auf Nicht-Übung. Interessant ist, daß alle Inder, die sich zu unserer Arbeit präzis geäußert haben, entweder über die Faktur des Abends, die Kompositionsmethode oder die Praxis der Interpretation sprachen. Warum? Weil sie selbst, um Musik oder Tanz auszuüben, eines der strengsten Erziehungssysteme über sich ergehen lassen müssen. Das Erlernen des Tabla-Spiels im Guru-Chela-Stil dauert 15 Jahre. Man könnte sagen, daß es sich so lange hinzieht, weil es induktiv, sozusagen durch bedeutungsvolle Nachahmung geschieht.

Der Guru spielt eine Floskel, die der Eleve niemals fähig sein wird, auf Anhieb zu wiederholen, weil er es vom Hören tun muß. Das Lernen dauert dann viel länger, als wenn man Musik zu lesen weiß. Aber in dieser Erziehung spielt gerade die Haltung zur Methodik eine wesentliche Rolle. Alles, was mechanisch ablaufen soll, wird im voraus kodifiziert. Ein Vergleich mit dem Kastensystem wird offenkundige Entsprechungen zeigen. Der Lehrer erhält jedoch mehr geistige und physische Macht als der feudale Herr.

Donnerstag, 8. Februar: Beirut

Vetter: Wir waren nun im Iran und in Beirut. Hinter uns liegen die beiden stark unterschiedlichen Aufführungen in Schiras und in Teheran. Was fiel Ihnen in Schiras auf? Steht es dafür, daß man in einer Stadt wie Schiras Aufführungen dieser Art macht?

Kagel: Es ist eigentlich immer die gleichlautende Frage: kann – oder soll man – in der Dritten Welt europäische Musik aufführen? Vielleicht noch extremer ausgedrückt: brauchen die Menschen der Dritten Welt unseren Besuch? Wahrscheinlich erübrigt sich das Wort brauchen, wenn man merkt, wie diese Völker ureigene Traditionen vor den Hund gehen lassen und ihre Kunst- und Volksmusik, Theater und Tanz bis zur Unkenntlichkeit verkommen lassen. Der Iran ist eines der typischen Beispiele dafür; einerseits ein vager, einbahniger Kulturpatriotismus, der, von oben verwaltet, sich zu Grundsatzfragen wenig äußert, andererseits eine unglückliche Art, Nationalismus und kulturelle Großtaten aus der mittelbaren Vergangenheit fortsetzen zu wollen. Die Ausnahmen bestätigen also auch hier bei weitem die Regel.

Übriggebliebene Monumente und andere Residuen von großartigen Leistungen werden allzu oft mißbraucht, wie vor kurzem Persepolis: das 2500-Jahresfest als feierlicher Hintergrund eines blinden Prunkes, um glauben zu können, die iranische Tradition sei noch intakt. Sieht man zum Beispiel gleich vor dem Flughafen von Teheran einen Arc de Triomphe in schlimmster nachempfundener Zuckerbäcker-Orientalik mit »modernen« Architekturelementen, dann weiß man, wie Geschmacksrichtungen, die sehr breit vorhanden sind, damit angesprochen werden. Persepolis trägt als beeindruckendes Exempel von Bewunderungsarchitektur sicher stark faschistische Züge, die Jubelarchitektur des heutigen Systems dagegen das Groteske des Faschismus. Es ist das Pathos eines Staates, der sich mit einer imposanten, aber falsch verstandenen Architektur schmücken muß. Persepolis ist heute zweckentfremdete Staatsarchitektur, denn sie diente nicht als Ort des kontinuierlich historischen Geschehens, sondern als punktueller Ort der Pracht. Hier liegt der große Unterschied: wird Prunk nur vorübergehend für einen bestimmten Zeitpunkt des Jahres benutzt oder hilft er als großformatiger Machtausdruck das Volk niederzuwalzen? Schaut man sich in diesem Sinne um, dann kann man nur gemischte Gefühle für den modernen Iran empfinden, obwohl der Unterschied zu Indien überwältigend ist, weil der Iran, begünstigt durch das Öl und eine sehr niedrige Bevölkerungsdichte, im Vergleich zu Indien ein reiches Land ist.

Versuchen wir, in der Frage der Tradition etwas weiter zu sehen. Man kommt an und versucht sofort, persische Musik zu hören. Welch beschwerlicher Wunsch! Was geboten wird, ist eine Karikatur von mittelmäßigen Sehnsüchten und halben Konventionen. Einen typischen Aspekt dieser falschen Pflege kann man am besten in dem Bewußtsein der offiziellen und offiziösen Kulturträger des Landes beobachten, die das kulturpolitische Geschehen lenken. Einerseits will die Regierung die Wunschvorstellungen und ihre Ergebnisse als Visitenkarte zeigen, andererseits wird das Volk selbst durch eine schablonenhafte, dirigistische Volkstümlichkeit so verblödet, bis es die letzte seiner noch gültigen Traditionen verrät. Deswegen war es für mich so wichtig, das einzige Institut im Iran kennenzulernen, das der Forschung der alten Volks- und Kunstmusik gewidmet ist. Es ist dies eine Großtat in einem Land, wo die industrialisierte Folklore herrscht. Die Ziele sind ähnlich wie die des Institute of Performing Arts in Bombay, die Mittel sehr bescheiden. Es werden alte Spieler, die die traditionelle Volks- und Kunstmusik noch kennen, gerufen, damit sie jüngere Spieler lehren und die Konventionen, die oft kaum niederzuschreiben sind, in möglichst authentischer Form weitergegeben werden. Also der Versuch, sich des erfolgreichen Apokryphen und seiner Ideologie zu entledigen. Dafür war es sogar notwendig, ein sensationelles Experiment durchzuführen, nämlich die Praxis der altpersischen Musik mit einer Manufaktur von altpersischen Instrumenten zu koppeln. Man folgt den Spuren der Originalinstrumente bis nach Afghanistan und versucht mit verschiedenen Holzarten und Bauvorgängen heute vergessene Methoden wieder zu entdekken. Die optimalen Manufakturformen sind verloren gegangen, weil auf diesem Gebiet alle sinnvollen Maßstäbe dem Kitschsortiment für Touristenläden geopfert worden sind. Das Holz für Wandschmuck muß nicht mindestens zehn Jahre lagern; die Anfertigung braucht sich nicht nach authentischen Vorlagen zu richten. Es ist das überall bekannte Bild: durch den schnellen Bau und Verkauf werden die handwerklichen Vorstellungen korrumpiert. Es blieb also nichts anderes übrig, als Instrumente genauso

wie früher zu bauen, um altpersische Musik wirkungsvoll zu verbreiten.
Einer der ältesten Lehrer für Sietar ist 74 – immerhin 20 Jahre jünger als der Tablaspieler in Bombay –, aber er gibt täglich Stunden im Institut. Seine Studenten werden dafür regelrecht engagiert. Wenn sie interessiert und begabt sind, zahlt man ihnen ein monatliches Gehalt. Es wird von 8 bis 14 Uhr in Dialogform, mit fortwährendem Teetrinken, musiziert. Wir finden auch hier einen Guru-Stil; der einzig sinnvolle Versuch, die Überlieferung dieser Musik wiederzubeleben. Ich war bei einer dieser Sitzungen anwesend. Der Lehrer spielte Teile einer melodischen Struktur so lange, bis der Studierende es gelernt hatte. Es gibt 12 verschiedene traditionelle Tonarten, und man muß für jede Tonart 20, 30 oder manchmal 40 verschiedene Melodien auswendig lernen. Daher dauert das Lernen sehr lange, aber der Reifeprozeß ist außerordentlich human, eigentlich das Gegenteil vom schnellen Musikbacken. Der Beruf hat eine meditative Ausstrahlung, die auf völliger Beherrschung basiert. Das finde ich wirklich wohltuend, weil die Spieler sich tatsächlich auf ihre Ziele mit größter Strenge konzentrieren.

Vetter: Kann man zwischen altpersischer Volks- oder Kunstmusik und afghanischer Musik Parallelen ziehen, oder welcher Musik ähnelt sie?

Kagel: Es gibt Parallelen zur afghanischen Musik einerseits und zur türkischen andererseits, sicher sind auch Querverbindungen zu Indien vorhanden. Die umgebenden Länder sind natürlich wichtig, aber die iranische Musik ist wiederum selbständig und eigenartig. Zum Beispiel: der iranische Tablaspieler braucht nicht zwei, sondern nur einen Klangerzeuger, nämlich eine Zarb. Damit aber erzeugt er die Klangfarben des indischen Tablapaares in vollkommener Weise. Die Zarb ist eine einfellige Sanduhrtrommel, die man auf den rechten Schenkel legt, und bei der auch auf dem Holzgehäuse gespielt werden kann. Ich habe den sicher besten Spieler des Iran hören können, ein phänomenaler Musiker, etwa 25 Jahre alt. Er ist Studierender, darf aber nicht auftreten. Die Studenten werden so lange unter Verschluß gehalten, bis sie nicht mehr in Versuchung kommen, Geld durch Film, Fernsehen, Radio zu verdienen und dem Geist des Hofmusikers erlegen sind. Das ist sicher elitär, aber notwendig in einem Land, in dem die Volksinstrumente so verwendet werden, daß die Zarbspieler, wie der, den ich gehört habe, sich schämen, mit der Zarb aufzutreten, weil das Instrument seine Reputation verloren hat. Er geniert sich, Zarb zu spielen, obwohl er mit größter Musikalität diese Trommel auf 23 verschiedene Arten traktieren kann.

Vetter: Es gibt im Verlauf einer vieltausendjährigen Geschichte oft starke Brüche, und diese bilden ebenfalls eine Tradition. Drei Beispiele an Hand von Orten: Persepolis, Schiras, Teheran. Das ist dreimal Geschichte Persiens. Einmal die klassische Zeit; dann die mittelalterliche, die aus ›1001 Nacht‹ bekannte, islamische Zeit der Kalifen und Fürsten; und der heutige Iran, das moderne Teheran; meiner Meinung nach als Stadt völlig gesichtslos. Jede Stadt hat eine gewisse Atmosphäre und fast immer wird unsere Aufführung dieser Atmosphäre entsprechend aufgenommen. Man kann fast in jeder Stadt, wenn man sie gesehen und sich etwas eingelebt hat, in etwa voraussehen, wie das Programm ankommt. Nun haben wir aber in Teheran die Überraschung erlebt: eine völlig langweilige, unatmosphärische Stadt – jedoch eine ausgesprochen gut rezipierte Aufführung. Und umgekehrt in Schiras eine von der Atmosphäre her sehr intime Stadt – und eine relativ passive Aufnahme.

Kagel: Ich glaube, daß das zum Teil ein Resultat ist a) der intellektuellen Bereitschaft, etwas zu tun oder nicht. Damit meine ich, mitzudenken, mitzuverfolgen, sich in ein Geschehen, das für den Zuschauer besonders fremd ist, einzufühlen oder nicht, b) wie die Erwartungen des Publikums konditioniert sind, ob sie zum Beispiel bewußt ein Konzert mit nichtherkömmlicher europäischer Musik besuchen oder zufällig kommen und c) ob die Arbeit des Goethe-Instituts an Ort und Stelle das Terrain vorbereitet hat oder nicht.
Nun kam in Teheran ein ausgesprochen junges, interessiertes Publikum, man kann schwer von »aufgeschlossenem Publikum« sprechen, weil das vielleicht der islamischen Art, etwas zu rezipieren, widerspricht. Es ist nicht gerade a priori skeptisch, sondern langsam, und da Europa für diese Menschen ein kulturpolitisches Trauma repräsentiert, wollen sie sich nicht bereits im Ansatz hergeben, damit wir ihre Gefühle manipulieren. Ich habe auf dieser Reise nie vergessen, daß die Manipulation des Zuhörers durch eine Kunst wie die unsere in diesen Ländern ein besonders schwieriges Problem ist, weil sie in uns immer noch, und zum Teil mit Recht, die Kolonialherrscher sehen. Die Kolonialherrscher, die die Bewohner mittels einer bestimmten Art, Musik zu machen, nach Belieben faszinieren können oder gewinnen wollen. In Europa ist es ganz anders. Da weiß der normale Konzertbesucher, daß er, wenn er eine Karte kauft, sich bereit erklärt, sich bis zu einem gewissen Grad zu ergeben. Der Besucher geht ins Konzert, um einen bestimmten akustischen Rausch zu erleben. Auch im Orient wollen die Zuhörer den Rausch – aber einen arabischen.

Vetter: In Schiras hatte ich den Eindruck, daß die Studenten, und sie machten immerhin 90 % der Zuschauer aus, unbelastet aber oberflächlich den Abend hinnahmen. In Teheran sehe ich die erfreuliche Entwicklung, daß man mit Erfolg versucht hat, einen neuen Publikumskreis gezielt anzusprechen; der Fernsehmitschnitt brachte darüber hinaus Multiplikationseffekte.

Kagel: Der Leiter des Goethe-Instituts in Teheran hat die Mittel mobilisiert, die heute eingesetzt werden müssen: Rundfunk und Fernsehen. Unser Programm kann so, in Form einer Aufzeichnung, einen gewaltigen Zuschauerkreis erreichen. Ähnliches trifft für Deutschland zu. Man muß im Rundfunk Live-Konzerte mit Neuer Musik durchführen, damit die Musiker nicht vollkommen austrocknen und nicht den Kontakt mit Menschen verlieren. Auch die schlechteste Sendezeit erreicht noch immerhin zahllose Zuhörer. Solche Multiplikationseffekte einzuplanen, gehört zum Metier des Veranstalters.
Daß man Interviews geben muß, ist auf so einer Tournee selbstverständlich, aber sie sollten von den Zweigstellen bestens vorbereitet werden, damit man Optimales aus der vermittelten Information gewinnt.

Vetter: Darüber werden wir uns am Ende der Reise noch einmal etwas ausführlicher unterhalten, auch über das Problem der Reziprozität. Wir müssen unser Angebot noch gezielter einsetzen.

Donnerstag, 15. Februar: Auf dem Flug von Istanbul nach Athen

Vetter: Wir befinden uns im Anflug auf die letzte Station

dieser Reise. Zwischen unserem letzten Gespräch und dem heutigen liegen drei verschiedene Länder und vier sehr unterschiedliche Aufführungen und Eindrücke: Beirut, Nicosia, Ankara, Istanbul. Wir haben uns in Beirut zuletzt über die Frage des Publikums generell unterhalten. Wie war für Sie die Aufführung in Beirut?

Kagel: Der Abend dort war einer der angenehmsten, weil wir hauptsächlich ein Publikum von Interessierten hatten. Allerdings: seit New-Delhi habe ich die Stücke stets eingeführt, und diese kurzen Gedanken vor der Darbietung erwiesen sich als besonders gute Hilfe. Ich finde, daß man dem Zuschauer nicht zumuten kann, den gedanklichen Sprung zu den Werken der Neuen Musik auf Anhieb zu machen. Wir dürfen also nicht erwarten, daß dieses Publikum sofort alles versteht, goutiert und mit zufriedenen Gesichtern nach Hause geht. Wir müssen mit einem Monolog beginnen und das Konzert mit einem Dialog beenden. Eines haben alle Beteiligten sofort gemerkt: durch die Einführung wird ein Teil der blinden Aggressivität, die diese Musik auslöst, weil sie ungewöhnlich ist, gemildert. Diese Aggressivität verwandelt sich in Geduld, in Toleranz. Deswegen muß man grundsätzlich in jedem Konzert, ungeachtet wie groß der Saal ist, Einführungen und Dialoge machen. Beirut war für uns auch hervorragend, weil der Saal des Beirut College for Women ideale Ausmaße hat. Wenn der Raum eine humanere Mitteilung ermöglicht und die frontale Kommunikation nicht erzwungen wirkt, dann werden Aktion und Reaktion dementsprechend aufklärerisch.

Vetter: Der Kreis war klein, die Aufnahme besonders lebendig. Da möchte ich generell fragen: muß der Zuschauer nach Ihren Stücken eindeutig Stellung nehmen, oder kann er indifferent bleiben; muß er entweder ja oder nein sagen und sich vielleicht dem Zwang ausliefern, eine sofortige Entscheidung zu treffen?

Kagel: Selbstverständlich erwarte ich keine sofortige Stellungnahme. Aber wir haben bereits über die Ziele einer Kulturarbeit im Ausland und ebenfalls über die Fragwürdigkeit derselben gesprochen. Eines wurde mir im Verlauf dieser Tournee klar: warum Vorstellungen in Ländern notwendig sind, die zwar die Mittel, aber nicht die Institutionen und Erfahrungen haben, um diese Art von Veranstaltungen zu betreiben. Warum? Weil die konventionellen darstellenden Künste, die »performing arts«, durch Fernsehen und Film ersetzt worden sind. Der Vergleich zwischen lokalen Kräften und ausländischen Stars wird so zu Ungunsten der Schauspieler und Theater des Landes gemacht, daß diese letzteren kaum imstande sind, Eindeutiges zu unternehmen oder Professionelles zu starten.

Vetter: Nicosia ist eine Stadt ohne junges intellektuelles Publikum, ohne Zielgruppen für Ihre Darbietungen, also keine Leute, die vom Goethe-Institut angesprochen werden können. Wie steht es da mit der spontanen Reaktion?

Kagel: Die spontane Reaktion in Nicosia war jener von Istanbul zum Beispiel nicht unähnlich. Die Arbeit der Goethe-Institute spricht intakte Gefühle an: in Istanbul erinnerte ich mich plötzlich an jene Kulturabende in Buenos Aires, die ich während des Krieges mit meinen Eltern besuchte; Reliquien des europäischen Kulturlebens, wo man Personen einer bestimmten Generation traf, die noch von dieser Form der Kulturübermittlung abhängig waren und sich nach Büroschluß weiterbilden, oder das wahre Schöne erleben wollten. Dies war ein wesentliches Ziel ihres Lebens. In Nicosia oder auch Istanbul merkte ich so richtig, welches Publikum sich durch das Goethe-Institut, außerhalb der Spracharbeit, ausdrücklich angesprochen fühlt. Hauptsächlich eine Schicht, die, vielleicht aufgrund ihres Alters, über mehr Freizeit verfügt als andere Leute.

Als wir am Tag der Vorstellung in Istanbul ankamen, gingen wir nach der Probe um 17 Uhr auf die Straße, wo die meisten Kinos zu finden sind. Tausende von jungen Menschen strömten dort in Reihen zu acht oder sechzehn über Trottoirs und Fahrbahnen. Am Abend jedoch sagte mir jemand vom Goethe-Institut: die Studenten sind leider nicht in Istanbul, sondern auf dem Lande, es ist praktisch niemand in der Stadt. Und ich hatte seit Hongkong keine andere Stadt gesehen, die mit der Intensität von Istanbul pulsiert. Ich frage mich: was lief hier schief? Denn viele Menschen gehen täglich in die Kinos, weil sie ein ursprüngliches Bedürfnis nach Darstellung haben. Film ist unter anderem ein Ersatz fürs Theater. Die Zuschauer, die das Kino besuchen, wollen Menschen sehen, die miteinander sprechen und dabei Bilder bilden. Ähnliches hatten wir auch zu bieten. Jedoch: wenn wir so einen spärlichen Besuch in einer Stadt haben, die mit einer geradezu hysterischen Intensität lebt, dann muß man konsequenterweise denken, daß die richtige, effektvolle Kommunikation zwischen Veranstalter und möglichem Publikum noch nicht gefunden wurde.

Ein großer Teil dessen, was jetzt als produktiv neu angesehen wird, tendiert zu einer wirklich intensiven Auseinandersetzung mit dem Publikum und zur Sprengung der überholten, antagonistischen Formen der Darbietung. Das muß sich aber in der Art der Bekanntmachung und in der Anvisierung der Zielgruppen widerspiegeln. Wenn wir tatsächlich in einer Schule gespielt hätten – wie vor kurzem in Bonn um

10.30 vormittags vor 800 Studenten –, dann wäre dies eine kostbare Erfahrung für alle Beteiligten gewesen.

Vetter: Wenn wir der Sache auf den Grund gehen wollen, müssen wir uns auch fragen, welche Bedeutung, welcher Wert, welche Aussage überhaupt in diesen Informationen stecken, die Sie vermitteln? Ist diese Information relevant, aktuell genug? Ist sie im kulturpolitischen Sinn wichtig oder vertretbar? Kann ein Programm wie Ihres in Nicosia oder Ankara genauso gut ankommen wie in Athen oder in San Francisco? Ich sage: nein. Einerseits betreiben wir, in der Art, wie wir Programm verkaufen, Zweckdilettantismus, weil wir die richtigen örtlichen Zielgruppen noch nicht zu finden beziehungsweise anzusprechen vermochten. Andererseits muß man aber auch die Tatsache berücksichtigen, daß bestimmte Zielgruppen für diese Art von Programmen an dem einen oder anderen Ort einfach noch nicht existieren oder niemals existieren werden. Wo hat sich das Programm wie und für wen rentiert?

Kagel: Was verteilt das Goethe-Institut? Information als Kulturpolitik. Information, die man auf verschiedene Weise siebt, je nachdem, wie die Zentrale oder die Zweigstellen das Programm gestalten. Damit hofft man ein Bild des heutigen Deutschland zu geben, das selbstverständlich nicht wertfrei sein kann, da man nicht wahllos sondern gezielt informieren will. Ich kann nicht über die Wichtigkeit der verschiedenen Aspekte eines Programms im Detail diskutieren, sondern eher über Sinn oder Unsinn von Kulturarbeit überhaupt. Da wir aktive Kulturpolitik betreiben und der Einfluß des Goethe-Instituts in einigen Ländern entscheidend ist, weil sich die lokale Intelligentia um die Zweigstelle schart, kann Musik nur ein Teil eines sehr breit gefächerten Angebotes sein. Deswegen will ich das, was wir darbieten, keineswegs als unerläßlich oder überflüssig präjudizieren, sondern als eine Farbe mehr auf einer eh schon reichen Palette betrachten.

Vetter: Ich stehe auf dem Standpunkt, daß bei den begrenzten vorhandenen Mitteln Schwerpunkte gesetzt werden müssen, und daß bildungspolitische Maßnahmen in Ländern der Dritten Welt Priorität besitzen. Und daß bei einem nun doch fast schon komplett überschaubaren Programmverlauf von Japan bis Griechenland gewisse Regionen existieren, für die die Art der künstlerischen Information, wie Sie sie bieten, relativ bis total unergiebig und uninteressant ist. Ich hätte Indien, die Region Türkei, vielleicht auch Zypern ausgeklammert, dafür aber in Japan mehr Konzerte gegeben, um Zielgruppen ganz zu erfassen.

Kagel: Es gibt Länder, die stets eine Krise im Bewußtsein der europäischen Interpreten verursachen. Indien darf man meines Erachtens nicht ausklammern, weil das Goethe-Institut auch im umgekehrten Sinn eine didaktische Arbeit mit den deutschen Mitarbeitern betreibt; Leute, die in Indien gewesen sind, verändern sich spürbar. Sie lernen unerhörte Dinge kennen und beginnen zu reflektieren in einer Art, die für uns eminent lebendig ist. Allein deswegen würde ich schwierige Länder nie ausklammern.
Was würden die ausgeschlossenen Zweigstellen des Goethe-Instituts sagen, wenn wir bei insgesamt sechs Reisewochen drei in Indien verbrächten? Die hohen Unkosten einer solchen Reise versucht man irgendwie in plausible Resultate umzumünzen. Nun kann man die Resultate nicht messen, und das investierte Geld gibt effektiv keine Rendite.
Ergänzend möchte ich daran erinnern, daß das Prädikat

Made in Germany bei allen Überlegungen seinen wohlbewußten Einfluß ausübt. Wir können nicht leugnen, in Vertretung einer der größten Industrienationen zu kommen, die ihre Produkte verkaufen muß, um davon zu existieren. Brutal ausgedrückt: man wird sich eine methodische, stilvolle Kulturpolitik so lange leisten, wie Volkswagen und Mannesmann verkaufen. Kultur, und ich meine es weniger zynisch als stoisch, ist Teil des Gesamtbühnenbildes, die farbige Dependance eines gesamtpolitischen Konzepts. Und weil die Politik einer Industrienation hauptsächlich nur eine industrielle Kulturpolitik sein kann, so möchte ich die Konsequenzen einer solchen kulturpolitischen Haltung rechtzeitig prüfen und überdenken. Es ist das Wesen der europäischen Kulturpolitik, nicht nur den Absatz, sondern auch die Pracht von Kulturgütern zu fordern. Ein Handelskontinent, der ständig nach neuen Verteilungs- und Verbreitungsmöglichkeiten Ausschau hält.

Mich interessieren die verschiedenen Aspekte und die soziologischen Richtlinien einer durchdachten Kulturpolitik. Ich weiß, daß das Goethe-Institut die Konsequenzen von Situationen, die neue Veranstaltungsformen und Inhalte verursachen, rechtfertigt. So gesehen, bin ich ein politischer Komponist, der aktiv an der Planung einer vernünftigen Strategie mitarbeiten will. Musik für einen leeren Raum zu schreiben, ist nicht meine Stärke. Auch wenn ich sicher bin, daß das, was ich komponiere, keine ungeheure Anzahl von Menschen anspricht, bin ich der Meinung, daß es vornehmlich in unseren Händen liegt, Zuhörer dafür zu interessieren oder nicht.

Und schließlich: Ich meine, die drittgrößte Industrienation der Erde kann sich noch ein Goethe-Institut leisten, die viertgrößte schon viel weniger.

Vetter: Die drittgrößte ist heute Japan, die viertgrößte die Bundesrepublik.

Kagel: Gut. Hier liegt aber ein grundlegender Unterschied zwischen Japan und Deutschland. Die Europäer wissen, daß sie auch mittels ihrer Sprache für ihre Produkte werben müssen, und die Japaner haben sich dagegen für Englisch entschieden. Mit anderen Worten: Kulturarbeit ist sicher kein Luxus, wenn man versteht, daß das Goethe-Institut zur Pflege der deutschen Sprache gegründet worden ist. Ohne Sprachpflege gibt es keine Kulturarbeit im Ausland, wo es auch letzthin darum geht, unerforschte oder unvollständig ergründete Märkte – Kulturmärkte! – zu erschließen. Menschen, die deutsch gelernt haben, werden sich später an Deutschland wenden. In diesem Sinn ist und bleibt Sprachpflege als Kulturarbeit sicher ein Ausdruck von Kolonialismus oder besser gesagt, ein Aspekt von besonderem verkaufsstrategischem Wert. Ich kann auswärtige Kulturpolitik von Außenpolitik nicht trennen, da ich mir selbst sonst den Vorwurf eines naiven Idealismus machen müßte. Um es noch deutlicher zu sagen: Spracharbeit ist kulturpolitisch das wichtigste Instrument aus außenpolitischer Sicht, weil Theater, Filme und Bücher, die man in der Originalsprache versteht, auf sentimentale, oft irrationale Bindungen hoffen lassen. Auch die traditionelle Diplomatie pragmatischen Zuschnitts bezieht solche unausgesprochenen Argumente ein. Spracharbeit und Kulturpolitik sind untrennbar.
Eines der aufregendsten Momente der Programmplanung ist für mich die Tatsache, daß der Besucher des Goethe-Instituts keinen chronologischen Überblick der deutschen Kulturgeschichte verlangt, sondern hauptsächlich einen abwechslungsreichen Kalender erwartet. Eine Brecht-Ausstellung ist ebenso willkommen – und kommt ebenso unauf-

gefordert – wie Heine oder Kafka in Bild und Schrift. Man darf an den verschiedenen Ecken mit der Planung beginnen. Aber dies befreit nicht von dem bestehenden Koordinatensystem von wirtschaftlicher Macht und diplomatischer Einflußnahme. Im Gegenteil: bei aller Aktivität im Ausland habe ich den Eindruck, daß man mit den Möglichkeiten, die die vorhandene ökonomische Potenz eröffnet, nicht bewußt genug umgeht. Die Kulturinstitute brauchen wenig Angst zu haben, wenn sie Gewagtes auf literarischem, sozialpolitischem, filmischem, musikalischem oder theatralischem Gebiet vorstellen. Rücksichtnahme darf hier nie mit dem Verdacht auf hausbackene Ansichten über Neue Musik, Theater, Film oder Literatur verwechselt werden.

Vetter: Unser erstes und wichtigstes Instrument sollte die Sprachvermittlung sein, sagen Sie, weil durch die Spracharbeit Kommunikationsprozesse mit Deutschland, den Deutschen und ihrer Kultur eingeleitet werden. Sind diese Gedanken nicht ausgesprochen expansionistisch?

Kagel: Nein. Es gibt eine fatale Kombination von Humanismus, Vorsicht und Dilettantismus, die eine langfristige, organische Planung zerstören kann. Selbstverständlich verabscheue ich jedwede Kulturpolitik auf der Basis von Wirsind-jemand. Jedoch: wenn die Mittel für eine kohärente, weil vielfältig aufgefächerte Informationsarbeit vorhanden sind, dann sollte man ein mutiges Programm machen. Wenn das Goethe-Institut bereits in 58 Ländern vertreten ist, ist dies nicht als Zeichen expansiver Kulturpolitik zu bewerten? Die Verbreitung und Pflege der deutschen Sprache in 58 Ländern ist unzertrennlich von der Notwendigkeit abhängig, Freunde zu erhalten und neue Freunde zu gewinnen,

damit sie eventuell auch außenpolitisch Deutschland helfen können. Oder?
Nun muß ich hier leider de Gaulle zitieren: »Völker haben keine Freunde.« Es bedarf nur eines leichten Hustens, und schon ist die mühsame Annäherung und Pflege von Jahrzehnten brüchig. Immer wieder kann ich dies beobachten. Deswegen mache ich mir wenig Illusionen in Bezug auf eine idealisierende Kulturarbeit; ich möchte sie lediglich rationalisiert sehen, mit dem Maximum an Wirkung und menschenfreundlicher Anteilnahme für die autochtonen Probleme.

Vetter: Wie sehen Sie in diesem Zusammenhang deutsche Entwicklungspolitik und Bildungshilfe, die ja bis zu einem gewissen Grad mit auswärtiger Kulturpolitik in Ländern der Dritten Welt gekoppelt ist?

Kagel: Wichtig ist stets, die Wünsche der Länder, denen geholfen werden soll, ernsthaft zu berücksichtigen. Keine der großen Industrienationen kann sich dem verpflichtenden Vorsatz einer gerechten Verteilung an die Länder entziehen, die kaum mehr als wenig haben. Aber gleichzeitig ist unsere Vorstellung von Fortschritt nicht immer übertragbar, weil sie oft mit unerwarteten Formen von Rückschritt gekoppelt sein kann. Als Folge unseres Fortschritts sind wir so neurotisch geworden, daß ein zivilisatorischer Kolonialismus kein lobenswertes Ziel einer Entwicklungspolitik ist. Unsere Fehler in der Superverdichtung der Infrastruktur, in Kontrolle und Vertrieb von Nahrungsmitteln, in der Organisation der Landwirtschaft, in der Überschätzung einer Stabilität auf der Basis von vielfältiger Produktion werden in der Dritten Welt potenziert und verschlimmert. Der demografische Faktor und die politische Unreife beschleunigen hier die bereits latente Unvernunft. Daß das Goethe-Institut neuerdings angehalten wird, mehr Dienstleistungsarbeit als Teil einer Entwicklungshilfe durchzuführen, kann nur von Fall zu Fall analysiert und bewertet werden. Für viele Länder der Dritten Welt ist diese entwicklungspolitische Tätigkeit mit expansionistischem Denken und kurioser Industriehilfe verbunden, welche keine Befreiung sondern scheinbare Unabhängigkeit entstehen läßt. Solche Ansichten basieren leider auf zu zahlreichen authentischen Beispielen, um sie einfach zu negieren.

Samstag, 17. Februar: Athen

Vetter: Gestern war die letzte Aufführung, Die Tournee ist zu Ende. Athen bedeutete Rückkehr zum europäischen Publikum. Dementsprechend verständnisvoll war die Aufnahme des Programms, dementsprechend groß der Erfolg. Wie beurteilen Sie diesen Abend?

Kagel: Ich glaube, es war der erfreulichste Abend der Reise. Aber dies ist sicher nicht das alleinige Verdienst unserer Truppe, sondern vor allem ein Verdienst der mehr als zehnjährigen kontinuierlichen Arbeit des Goethe-Instituts von Athen mit griechischen Komponisten und Laien in der Reihe Studio für Neue Musik, die Günter Becker hier geleitet hat. Jetzt kann man das Resultat unermüdlichen Werbens und Informierens in gezielter Richtung konkret sehen. Mit 900 Personen war das Opernhaus voll besetzt. Es war ein großes Erlebnis, dieses Publikum zu beobachten, das so intelligent reagiert hat. Jede Szene von »Repertoire« mit politischem, kritischem Inhalt wurde bereits im Ansatz verstanden und, soweit die Polizei in Zivil, die im Saal verstreut war, es ermöglichte, laut zelebriert. Der Unterschied zu dem betonten Nicht-Reagieren bei einem vergleichbar politisch aufgeweckten deutschen Publikum sollte Stoff für eine ausgiebige Reflexion liefern. Es scheint mir, daß die verbale Überbeschäftigung mit der politischen Praxis in der Bundesrepublik die Sensibilität der fortschrittlichen Kreise für den kritischen Ansatz solcher Stücke wie »Repertoire« halb eingefroren hat. Die Vorstellung in Athen hat uns glücklich gemacht, weil sie auch den kulturpolitischen Sinn unserer Darstellung in einem Land mit so starker Zensur offenkundig machte. Die kritischen Maßstäbe sind eben anders, wenn man unter einer Nicht-Diktatur oder unter einer Diktatur spielt.

Vetter: Welche Konsequenzen ziehen Sie aus dieser ersten Tournee mit dem Goethe-Institut?

Kagel: Die Länder, die wir bereist haben, unterscheiden sich so sehr voneinander, daß man die Konsequenzen aus dieser Tournee erst ernsthaft ziehen könnte, wenn man das ganze in Asien wiederholen würde. Dafür würde ich dann in den Goethe-Instituten in den einzelnen Ländern gründlich klären, ob aus der Sicht ihrer bisherigen Tätigkeit auf diesem Gebiet ein Auftritt wirklich lohnt oder nicht. Man müßte außerdem die Möglichkeiten der Erschließung neuer Hörerschichten untersuchen. Auch die Künstler würde ich über die kulturellen Hintergründe ihres möglichen Auftrittsortes besser informieren. Denn die aktive Beteiligung der Mitwirkenden an der Planung kann nur von Vorteil sein. Ich selbst habe an dem Tourneeplan mitgearbeitet, und man hat mich über jede Änderung stets informiert. Trotzdem hätte ich sicher einiges anders gestaltet, wenn ich die lokalen Zusammenhänge klarer hätte sehen können.
Wahrscheinlich ist es verfrüht, von Konsequenzen, auch im Hinblick auf andere Tourneen, zu sprechen, aber ich werde

nicht aufhören, mich mit diesen Problemen weiter zu beschäftigen. Denn schließlich hat mir diese Reise zum erstenmal Gelegenheit gegeben, umfassend zu erfahren, wie isoliert wir in Europa unsere Kulturproduktion genießen. Mit gemischten Gefühlen sehe ich, wie Politik durch Kultur schon oft mehrdeutigen Anklang und Erfolg gefunden hat; das Umgekehrte, nämlich Kultur durch Politik, scheint mir dagegen das weit lohnendere Ziel zu sein. Die Dritte Welt braucht nur das letztere und zwar: *dringend.*

Quellennachweis

Denke ich an Argentinien in der Nacht
(geschrieben im Dezember 1967)
verfaßt auf Aufforderung des Schwedischen Rundfunks für die Zeitschrift »Nutida Musik« (Februar 1968) über die damalige Situation der Musik und (kultur-)politische Reflexionen in Südamerika, wurde von der Leitung der Rundfunkanstalt mit Rücksicht auf diplomatische Demarchen der argentinischen Botschaft in Stockholm gesperrt.
Veröffentlicht in »Die Zeit«, Nr. 14, 5. April 1968.

J'accuse II
(Mai 1972 – Dezember 1973)
gesendet vom Süddeutschen Rundfunk, Stuttgart, 29. März 1974. Unveröffentlicht.

Analyse des Analysierens
(Juni–Juli 1963)
ursprünglich ein Vortrag bei den »Internationalen Ferienkursen für Neue Musik«, Darmstadt, Juli 1964, am 13. Mai 1965 vom WDR im Musikalischen Nachtprogramm gesendet. Veröffentlicht in: »Collage« 3, G. Denaro Editore, Palermo, Dezember 1964. Überarbeitet.

Avantgarde und Akademie
(Juni 1964)
Vortrag gehalten im Rahmen des Kongresses »Arte e Tecnologia«, Florenz, Juni 1964. Ursprünglich in italienischer Sprache geschrieben. Unveröffentlicht.

Fünf Antworten
(Juli 1974)
die fünf Fragen wurden von Ernst Thomas während der »Internationalen Ferienkurse für Neue Musik«, Darmstadt, Juli 1974, gestellt. Teilweise erschienen in »Frankfurter Allgemeine Zeitung«, 30. Dezember 1974.

Ein widerspenstiger Abschied
(August 1969)
Nachruf auf Alfred Feussner, erschienen in: »Frankfurter Allgemeine Zeitung«, 30. August 1969

Beethovens Erbe ist die moralische Aufrüstung
(August 1968)

Spiegel-Gespräch mit Felix Schmidt, erschienen in »Der Spiegel«, 7. September 1970

Über J. C.

(Dezember 1968)

publiziert in: OMZ, Programmanthologie über John Cage, Zürich, Februar 1968

Zu Staatstheater

(Mai 1971)

Gespräch mit Hans Otto Spingel, abgedruckt in »Oper 71«, Jahrbuch »Opernwelt«, Velber bei Hannover, September 1971

Aus USA

(Juli 1963)

gesendet im Musikalischen Nachtprogramm des WDR, Köln, 17. Oktober 1963; unveröffentlicht

Asien-Report

(Januar–Februar 1973)

ursprünglich als erster Beitrag einer Diskussionsreihe des Goethe-Instituts, München, verfaßt, wurde von diesem sofort nach der Veröffentlichung im November 1973 als interner Arbeitsbericht eingestuft: »Nur für den Dienstgebrauch«.

Teilweise ausgestrahlt im Süddeutschen Rundfunk, Stuttgart, 17. August 1974 (»Kulturarbeit durch Musik?«), und WDR, Köln, 7. Oktober 1974 (»Der Abend des Morgenlandes«).

Carla Henius

Das undankbare Geschäft mit neuer Musik

SP 96. 140 Seiten mit 5 Abbildungen

»... das Buch ist herrlich direkt, keine Windungen, kein »man-könnte-doch-auch-wohl-meinen-äh-daß«; was Sie schreiben, schreiben Sie und diese Identität ist es am meisten, was mich an Ihnen fesselt.« Wolfgang Rihm

»Die Autorin besitzt die Gabe, ihr Anliegen umkompliziert, verständlich und erfrischend direkt vorzutragen. Aus jeder Zeile spürt man, daß hier keine ›graue Theorie‹ gepredigt wird, sondern ehrlich und kompetent zu dem provozierenden Titel ›Das undankbare Geschäft mit neuer Musik‹ Stellung bezogen wird.« Braunschweiger Zeitung

»Ohne Frage gibt es heute nur wenig Interpreten, die über ihre Arbeit genauso einsichtsvoll wie Carla Henius zu reflektieren verstehen ... wer durch lebendige Erfahrungsberichte einen Einblick gewinnen möchte, in das sicher auch nicht immer ›undankbare Geschäft mit neuer Musik‹, sollte an diesen locker gefügten Beiträgen des vorliegenden Bandes nicht vorübergehen.« Sender Freies Berlin

Ulrich Dibelius

Moderne Musik 1945 - 1965

Voraussetzungen Verlauf Material. Mit 31 Abbildungen und 45 Notenbeispielen. 2. Aufl., 12. Tsd. piper paperback. 392 Seiten

Aus dem Inhalt: 1945 – das Jahr Null der modernen Musik. Das neue Verhältnis zu den Klassikern der Moderne. Lehrer und Mittler: Wolfgang Fortner – Boris Blacher. Die junge Generation: Karlheinz Stockhausen – Pierre Boulez – Hans Werner Henze – Luigi Nono – Henri Pousseur – Gottfried Michael Koenig – Luciano Berio – György Ligeti – Mauricio Kagel – John Cage. Begriffe. Chronologische Übersicht. Schallplattenverzeichnis. Bibliographische Hinweise. Namen- und Sachregister

Die großen Komponisten unseres Jahrhunderts

Band I. H. H. Stuckenschmidt: Deutschland – Mitteleuropa. Mit 39 Abbildungen auf Tafeln. 300 Seiten. Leinen

Inhalt: Richard Strauss · Gustav Mahler · Max Reger · Arnold Schönberg · Alban Berg · Anton von Webern · Josef Matthias Hauer · Franz Schreker · Ernst Krenek · Boris Blacher · Hanns Eisler · Paul Hindemith · Kurt Weill · Werner Egk · Carl Orff · Gottfried von Einem · Paul Dessau · Karl Amadeus Hartmann · Wolfgang Fortner · Rudolf Wagner-Regeny · Giselher Klebe · Hans Werner Henze · Karlheinz Stockhausen · Béla Bartók · Zoltán Kodály · Leoš Janáček · Arthur Honegger · Othmar Schoeck · Wladimir Vogel · Frank Martin

Piper

Joachim Kaiser

Große Pianisten in unserer Zeit

Stark erweiterte und überarbeitete Neuausgabe 1972. 2. Aufl., 9. Tsd. 256 Seiten mit 24 Notenbeispielen und 27 Fotos. Leinen

»Noch niemals habe ich erlebt, daß musikalische Interpretationen mit einer derartigen Genauigkeit und Liebe zum Detail beschrieben und analysiert wurden.« Arthur Rubinstein

»Kaisers Pianisten-Buch gehört zu den in Deutschland relativ seltenen Beispielen von Musik und Literatur, die stilistische Brillanz mit musikalischem Sachverstand verbinden.«
Deutschlandfunk

»Der größte Wert von Joachim Kaisers Buch liegt darin, daß es sich über die abgestempelten Anpreisungen hinwegsetzt, daß es tief in die Materie eindringt und Anleitungen zum kritischen Hören, zum Unterscheiden der ›Personalstile‹ der Künstler gibt.« Hannoversche Allgemeine Zeitung

Piper